(Apostle) Tatang D. Hubert R.

ACCEDER & DOMINER DANS LE MONDE SPIRITUEL

« Le Mystère d'initiation Divine... »

Assujettir les esprits & Prendre contrôle de ta vie

"Si tu ne pries pas, tu deviens La Proie"

Edition de Juin 2024

Acceder & Dominer Dans le Monde Spirituel

Volume 1, Volume 1

TATANG D. HUBERT R.

Published by LINAMI PRESS & PRODUCTION HOUSE, 2023.

Édité en Juin 2024

Acceder & Dominer dans Le Monde Spirituel...Apostle TATANG D. Hubert R.

While every precaution has been taken in the preparation of this book, the publisher assumes no responsibility for errors or omissions, or for damages resulting from the use of the information contained herein.

ACCEDER & DOMINER DANS LE MONDE SPIRITUEL

First edition. June 29, 2023.

ISBN: 979-8223467380

Written by TATANG D. HUBERT R..

Also by TATANG D. HUBERT R.

Volume 1
Acceder & Dominer Dans le Monde Spirituel

Standalone
La Prière Que Dieu Exauce
Prières ET Guérison
Prières Matinales
Escape For Your Life... Escape to the Mountain
"Sodom & Gomorrah"
Victoire Totale sur les Maladies
Total Victory Over Sicknesses
Divine Healing Is Still Possible..
The Beauty & the Riches of Redemption

Table des Matières

Dédicace

Ce livre est dédicacé à Dieu mon Père Céleste,
A Jésus-Christ mon Seigneur et Sauveur,
Au Saint-Esprit mon aide et enseignant;
Et à toutes les femmes et les hommes de prières qui passent des heures
dans la présence Dieu en prière et en méditation;
Puisse ce livre aider tous ceux qui désirent révolutionner leur vie de
prière et mieux centrer leurs prières!

Acceder & Dominer dans Le Monde Spirituel...Apostle TATANG D. Hubert R.

DEJEUNER SPIRITUEL

Psaumes 5: 3-4 **Sois attentif à mes cris, mon roi et mon Dieu! C'est à toi que j'adresse ma prière. ÉTERNEL! LE MATIN TU ENTENDS MA VOIX; LE MATIN JE ME TOURNE VERS TOI, et je regarde.**

Ps 59.16 (59:17) **Et moi, je chanterai ta force; DÈS LE MATIN, JE CÉLÉBRERAI TA BONTÉ. Car tu es pour moi une haute retraite, Un refuge au jour de ma détresse.**

Ps 92: 1-2 (92: 2-3) **Il est beau de louer l'Éternel, Et de célébrer ton nom, ô Très Haut! D'ANNONCER LE MATIN TA BONTÉ, Et ta fidélité pendant les nuits,**

INTRODUCTION

La vie est spirituelle. Le monde physique dans lequel nous vivons est contrôlé par le monde spirituel qui est invisible, malheureusement beaucoup en sont ignorants. Or ceux qui ne connaissent rien du monde spirituel sont victimes et proies des hommes spirituels méchants. Il y a le spirituel négatif, dominé par les ténèbres, et le spirituel positif où règne la Lumière, l'amour et la paix. Chacun des deux mondes constitue un royaume ou une juridiction ayant un chef, un roi ou un prince. La Bible nous parle du prince de ce monde (prince des ténèbres), encore appelé le « malin », et également du Prince de la paix, aussi appelé Prince de la vie. Tu as donc besoin de fait le choix de qui sera ton chef ou ton roi. Est-ce le prince des ténèbres que tu veux, ou le Prince de la Paix ? Lisons ces quelques passages de la Sainte Bible, qui est en vérité la Parole écrite du Seul Dieu Vivant, Créateur du Ciel et de la terre :

« ...le **prince du monde** vient. Il n'a rien en moi », Jean 14:30

"...le monde entier est au pouvoir du **Mauvais**", 1 Jean 5:19

« Vous avez fait mourir le **Prince de la vie** , que Dieu a ressuscité des morts; nous en sommes témoins », Actes 3:15.

« ...Dieu...a ressuscité **Jésus**, que vous avez tué, en le pendant au bois. Dieu l'a élevé par sa droite **comme Prince et Sauveur**, pour donner à Israël la repentance et le pardon des péchés », Actes 5:30-31.

« Car un enfant nous est né, un fils nous est donné, Et la domination reposera sur son épaule; On l'appellera Admirable, Conseiller, Dieu puissant, Père éternel, **Prince de la paix** », Esaïe 9:6 (9:5).

Le prince de ce monde, ne vaudrait pas dire propriétaire du monde, mais plutôt architecte du système mondain ; l'ingénieur du chaos que nous voyons dans le monde, d'ailleurs qu'il est appelé le « Mauvais ». Vous comprenez donc qui est l'auteur de toutes les mauvaises choses qui sont orchestrées dans les familles et les nations. Dites-moi donc, comment votre vie, carrière ou famille sera-t-elle si vous étiez sous le contrôle du Prince de la Vie ; Prince de la Paix ? Et comment serait-elle si vous étiez plutôt sous la domination du prince du monde et prince des ténèbres ? Désirez-vous continuer le reste de votre vie sur terre dans le royaume des ténèbres ou dans le Royaume de Lumière ?

Or aussi bien que le monde spirituel existe et contrôle les évènements et orchestrations dans le monde physique, il y a des secrets et les armes spécifiques pour vaincre les mauvaises programmations et intentions des méchants. Il y a aussi des heures stratégiques pour prendre domination sur les œuvres et pouvoir des agents du monde des ténèbres.

Par exemple, les heures avant le levé du jour quand il fait encore sombre sont les heures très stratégiques dans le monde spirituel. L'aube du matin est le moment par excellent pour prendre contrôle de sa journée.

Les sages se lèvent toujours très tôt pour commander le matin et ordonner leur journée. C'est pourquoi ceux qui dorment toute la nuit jusqu'au matin et s'empressent à leurs occupations sans prier ni méditer et déclarer la Parole de Dieu sont toujours victimes de circonstances, parce que ce sont les hommes de nuit qui contrôlent la journée. Il faut donc savoir quoi faire très tôt le matin pour contrer les œuvres et intentions des ténèbres dans ta vie, et avoir une journée désirable, agréable. Ce livre est le guide par excellence pour accéder le monde invisible, marcher et dominer le spirituel...

CHAPITRE 1
LA RÉALITÉ DES DEUX MONDES !

"Car nous n'avons pas à lutter contre des êtres humains, mais contre les **puissances spirituelles** mauvaises du **monde céleste**, les autorités, les pouvoirs et les maîtres de ce **monde obscur**. C'est pourquoi, **saisissez maintenant toutes les armes de Dieu !** Ainsi, quand **viendra le jour mauvais**, vous pourrez résister à l'adversaire et, après avoir combattu jusqu'à la fin, vous tiendrez encore fermement votre position", Éphésiens 6: 12-13.

Notez bien qu'il y a les « **puissances spirituelles** mauvaises du **monde céleste** » qui influencent et opriment les humains dans ce monde physique. Il y a aussi « les autorités, les pouvoirs et les maîtres de ce **monde obscur.** Donc notre monde est spirituellement » obscur à cause des autorités invisibles (qui contrôlent nos autorités et gouvernants humains), les pouvoirs et les maîtres, tous spirituels qui exercent leurs influencent sur les faibles. Conséquemment, il y a un jour mauvais qui doit arriver aux hommes sur terre, qui peut être au niveau national, familial, ethnique, individuelle ou mondial. Et les hommes sont victimes de ce jour mauvais depuis la chute d'Adam dans le jardin d'Éden. Nous témoins oculaires de ce qui est arrivé à toutes les nations en 2020. C'était un jour mauvais. Et l'église a pu résister (même si beaucoup ne reconnaissent ou n'avouent pas) au profit de toute la terre. Puisque, Dieu dans Son amour infini ne nous a pas laissé sans armes, nous avons tout juste besoin de comprendre comment fonctionnent ces quelles sont en fait ces armes, comment s'en approprier et comment lutter avec.

C'est donc clair que le monde dans lequel nous vivons n'est pas le seul monde existant. Il y a un monde spirituel et invisible aussi appelé "**monde céleste**" selon les saintes écritures. Le monde spirituel est divisé en deux : le royaume des ténèbres et le Royaume de la Lumière.

Ceux qui vivent dans le monde physique et visible doivent savoir accéder le monde physique pour pourvoir contrôler les choses sur terre, sinon, ils deviennent victimes des la domination du monde des ténèbres. Il y a des êtres physique qui vivent et fonctionnent dans le monde physique, il y a aussi des êtres spirituels qui opèrent dans le monde spirituel. Nous sommes les êtres terrestres c'est pourquoi nous vivons sur terre, il y a aussi des êtres ou des corps spirituels qui sont dans le monde spirituel. Alors le monde spirituel n'est ni à ignorer ou à négliger, pire encore à prendre à la légère, **"Il y a aussi des corps célestes et des corps terrestres; mais autre est l'éclat des corps célestes, autre celui des corps terrestres. Tel est le terrestre, tels sont aussi les terrestres; et tel est le céleste, tels sont aussi les célestes"**, 1 Corinthiens 15: 40,48.

Le monde physique est contrôlé par le monde spirituel qui est invisible, malheureusement beaucoup en sont ignorants. Or ceux qui ne connaissent rien du monde spirituel sont victimes et proies des hommes spirituels méchants. Il y a le spirituel négatif, dominé par les ténèbres, c'est le spirituel de satan et ses agents, sans foi ni loi. Ils cherchent constamment à causer la terreur, les souffrances, la destruction et la violence sur l'humanité, avec pour finalité de détruire les vies et verser le sang de leurs victimes. Ceux qui sont sans protection divine sont leurs proies faciles, ceux qui ont pris refuge en Dieu par Jésus-Christ sont leurs ennemis jurés, ils passent par la terreur et les intimidations pour recruter et initier ceux qui ne veulent pas suivre le Christ.

Il y a le spirituel positif où règne la Lumière, l'amour et la paix. C'est le Royaume de Dieu dont Christ est le seul Chemin et la seule Porte pour y accéder. Il a ouvert le chemin par Son sang et ceux qui croient en Lui et l'acceptent comme Seigneur et Sauveur sont délivrés des ténèbres et y transférés.

Être sous l'influence et le pouvoir du Royaume des ténèbres est naturel et automatique, par ce que tout homme sur terre y est né. Mais en être délivré c'est choix et une décision personnelle, ce monde est sous la puissance des ténèbres, donc ne pas être dans le Royaume de Dieu c'est être sous la puissance des ténèbres. C'est clair dans les saintes écritures : **"Nous savons que nous sommes de Dieu, et que le monde entier est sous la puissance du malin"**, 1 Jean 5: 19.

"Nous savons que nous appartenons à Dieu et que **le monde entier est au pouvoir du Mauvais"**, Jean 5: 19.

Le monde (physique) entier est sous le pouvoir du Mauvais, qui est invisible mais réel. C'est lui qui est responsable de toutes sortes de méchancetés et de violences partout dans le monde, avec l'intermédiaire de ses démons et agents humains, ses initiés dont la Bible traitent de bêtes sauvages. C'est pourquoi le psalmiste a crié : **"Ne livre pas aux bêtes sauvages la vie du peuple qui t'est si cher, n'oublie pas pour toujours l'existence de ces pauvres qui sont à toi. Considère tes engagements, alors que les victimes de la violence ont rempli les cachettes du pays"**, Psaumes 74:19-20 [FRC97].

"Ne livre pas aux bêtes l'âme de ta tourterelle, N'oublie pas à toujours la vie de tes malheureux! Aie égard à l'alliance! **Car les lieux sombres du pays sont pleins de repaires de brigand"**, Psaumes 74:19-20.

Les **lieux sombres** du pays veut dire tout lieu sur terre où la lumière de Dieu est absente. Christ est la lumière du monde, mais cette lumière n'éclaire pas automatiquement tous les lieux sur terre. Là où Jésus-Christ est reçu et reconnu comme Seigneur et Sauveur, cette lumière luit et illumine les vies produisant la paix, l'amour, la joie et le bonheur. Partout où elle est absente c'est la haine, la violence, les chagrins et misère parce que ce sont les ténèbres qui y règnent. Toute famille, communauté, institution, gouvernement, ou nation qui est sous l'influence du Royaume des ténèbres expérimentera au quotidien ce que ce Royaume offre. Et si tu viens sous l'influence et la domination du Royaume de lumière, tu jouiras des bontés du Seigneur chaque jour.

"Jésus leur parla de nouveau, et dit: Je suis la lumière du monde; celui qui me suit ne marchera pas dans les ténèbres, mais il aura la lumière de la vie", Jean 8:12.

"Jésus leur dit: La lumière est encore pour un peu de temps au milieu de vous. Marchez, pendant que vous avez la lumière, afin que les ténèbres ne vous surprennent point: celui qui marche dans les ténèbres ne sait où il va. Pendant que vous avez la lumière, croyez en la lumière, afin que vous soyez des enfants de lumière. Jésus dit ces choses, puis il s'en alla, et se cacha loin d'eux", Jean 12:35-36.

L'ACCÈS EST LIBRE - FAIS TON CHOIX !

Le jour que nous faisons consciemment le choix de sortir du pouvoir des ténèbres, Dieu nous délivre et nous transfère dans le Royaume de lumière, car Son Fils Jésus-Christ a déjà ouvert le chemin au moyen de Son sang : "**Ainsi, frères, nous avons la liberté d'entrer dans le lieu très saint grâce au sang du sacrifice de Jésus. Il nous a ouvert un chemin nouveau et vivant au travers du rideau, c'est-à-dire par son propre corps. Nous avons un grand-prêtre placé à la tête de la maison de Dieu. Approchons-nous donc de Dieu avec un cœur sincère et une entière confiance, le cœur purifié de tout ce qui donne mauvaise conscience et le corps lavé d'une eau pure. Gardons fermement l'espérance que nous proclamons, car Dieu reste fidèle à ses promesses"**, Hébreux 10:19-23.

"**Le Christ s'est livré lui-même pour nous sauver de nos péchés afin de nous arracher au pouvoir mauvais du monde présent, selon la volonté de Dieu, notre Père**", Galates 1 : 4.

Donc c'est la volonté de Dieu de te délivrer, mais c'est quand tu viens à Lui par Christ qu'Il te délivre des ténèbres. Il ressort de ce passage de Galates chapitre 1 quelques vérités à noter. Premièrement, nous comprenons que le monde présent exerce un mauvais ses habitants. Deuxièmement, il est à noter que c'est le péché qui rend les gens captifs et victimes de ce mauvais pouvoir. En troisième lieu, nous notons que c'est la volonté de Dieu que nous soyons délivrés de ce mauvais pouvoir. Dieu n'a pas créé l'être humain pour être captifs, mais pour contrôler et gouverner la terre et tout ce qu'elle renferme. La quatrième chose à noter dans ce passage, c'est que Seul Jésus-Christ a pouvoir et le droit légal de nous délivrer du pouvoir de ce siècle mauvais, puisque c'est Lui Seul qui s'est donné pour nos péchés et a vaincu la mort par Sa résurrection. C'est par Lui Seul et de Lui Seul que nous pouvons recevoir et expérimenter la paix et la grâce dans ce monde de tourments : **"que la grâce et la paix vous soient données de la part...de notre Seigneur Jésus Christ, qui s'est donné lui-même pour nos péchés, afin de nous arracher du présent siècle mauvais, selon la volonté de notre Dieu et Père, à qui soit la gloire aux siècles des siècles! Amen!"**, Galates 1:3-5.

Lisons attentivement et avec un cœur ouvert les passages suivants : **"Mais Jésus vit pour toujours et sa fonction de prêtre est perpétuelle. C'est pourquoi il peut sauver définitivement ceux qui s'approchent de Dieu par lui, car il est toujours vivant pour prier Dieu en leur faveur. Jésus est donc le grand-prêtre qu'il nous fallait. Il est saint, sans défaut, sans péché ; il a été séparé des pécheurs et élevé très haut dans les cieux. Il n'est pas comme les autres grands-prêtres : il n'a pas besoin d'offrir chaque jour des sacrifices, d'abord pour ses propres péchés et ensuite pour ceux du peuple. Il a offert un sacrifice une fois pour toutes, quand il s'est offert lui-même"**, Hébreux 7: 24-27 (FRC97).

"Remerciez avec joie Dieu le Père : il vous a rendus capables d'avoir part aux biens qu'il réserve dans le royaume de lumière à ceux qui lui appartiennent. Il nous a en effet arrachés à la puissance de la nuit et nous a fait passer dans le royaume de son Fils bien-aimé. C'est par lui qu'il nous a délivrés du mal et que nos péchés sont pardonnés", Colossiens 1: 12-14 (FRC97).

"Rendez grâces au Père, qui vous a rendus capables d'avoir part à l'héritage des saints dans la lumière, qui nous a délivrés de la puissance des ténèbres et nous a transportés dans le royaume du Fils de son amour, en qui nous avons la rédemption, la rémission des péchés", Colossiens 1:12-14.

Jésus-Christ vit éternellement et le Seul Sacrificateur que tu as besoin. Tu n'as plus besoin d'aller sacrifier un animal ou un être humain à qui que ce soit, tu n'as plus besoin d'aller verser l'huile et le sel sous les arbres ou sur les crânes. Jésus-Christ a payé le prix total et complet pour ton salut et ta délivrance. Il est l'agneau de Dieu immolé pour nous tous, il s'est donné Lui-même pour nos péchés pour nous racheter de toute tribu, nation, ou race. Avant de mourir Il a dit clairement de Sa propre bouche, «Je suis le bon berger. Je connais mes brebis et elles me connaissent, de même que le Père me connaît et que je connais le Père. Et **je donne ma vie** pour mes brebis. Le Père m'aime parce que je donne ma vie, pour ensuite l'obtenir à nouveau. Personne ne me prend la vie, mais je la donne volontairement. J'ai le pouvoir de la donner et j'ai le pouvoir de l'obtenir à nouveau. Cela correspond à l'ordre que mon Père m'a donné.» Jean 10: 14-15,17-18. Il a volontairement accepté de mourir pour nous délivrer du pouvoir du monde des ténèbres, et ensuite nous donner le pouvoir de marcher dans la domination. Et après Sa mort et Sa résurrection, l'apôtre Saint Jean a eu la vision du Ciel et a eu la grâce de voir et d'entendre de la bouche des anges ce que cette mort et résurrection de Christ a accompli et pour qui Il était immolé. L'apôtre Saint Jean nous révèle, "Après cela, j'eus une autre vision : je vis une porte ouverte dans le ciel...Aussitôt, l'Esprit se saisit de moi. Et là, dans le ciel, se trouvait un trône. Sur ce trône quelqu'un siégeait ; il avait l'éclat resplendissant de pierres précieuses de jaspe et de sardoine. Le trône était entouré d'un arc-en-ciel qui brillait comme une pierre d'émeraude. Autour du trône, il y avait vingt-quatre autres trônes, sur lesquels siégeaient vingt-quatre anciens vêtus de blanc et portant des couronnes d'or", Apocalypse 4 : 1-4.

"Et je vis **un Agneau debout au milieu du trône**, entouré par les quatre êtres vivants et les anciens. **Il semblait avoir été égorgé.** Il avait sept cornes, ainsi que sept yeux qui sont les sept esprits de Dieu envoyés par toute la terre. L'Agneau s'avança et prit le livre de la main droite de celui qui siégeait sur le trône. Aussitôt, les quatre êtres vivants et les vingt-quatre anciens s'agenouillèrent devant l'Agneau. Chacun d'eux avait une harpe et des coupes d'or pleines d'encens, qui sont les prières du peuple de Dieu. Ils chantaient un chant nouveau : « Tu es digne de prendre le livre et d'en briser les sceaux. **Car tu as été mis à mort et,**

par ton sacrifice, tu as acquis pour Dieu des gens de toute tribu, de toute langue, de tout peuple et de toute nation", Apocalypse 5 : 6-9.

"Et ils chantaient un cantique nouveau, en disant: Tu es digne de prendre le livre, et d'en ouvrir les sceaux; car **tu as été immolé**, et **tu as racheté pour Dieu par ton sang des hommes de toute tribu, de toute langue, de tout peuple, et de toute nation**", Apocalypse 5:9. [Louis Second]. En vérité, Jésus-Christ s'est donné Lui-même en rançon pour toi afin de te délivrer du royaume des ténèbres, te donner accès dans le monde spirituel, et par delà tout, te donner le pouvoir de dominer dans le monde spirituel. Qu'attends-tu encore ? Veux-tu vraiment accéder et dominer les forces du mal dans le monde de l'esprit ? Oui c'est bien possible !

C'est quand nous avons été affranchis du monde des ténèbres que nous pouvons exercer une domination par le pouvoir de Jésus-Christ sur le pouvoir, les œuvres et les activités des ténèbres dans nos vies, nos familles et autour de nous. C'est pourquoi Jésus-Christ nous a donné Son Nom pour opérer et dominer sur terre, car Son Nom est la somme toute de Son pouvoir valide seulement pour ceux qui sont déjà transférés dans Son Royaume. Avec ce Nom tu peux te lever dans la nuit, très tôt avant le levé du jour ou n'importe quel moment, pour détruire les œuvres de Satan et prendre contrôle de ta journée et de ta vie.

"Celui qui pèche est du diable, car le diable pèche dès le commencement. Le Fils de Dieu a paru afin de détruire les œuvres du diable", 1 Jean 3:8.

"Celui qui continue à pécher appartient au diable, car le diable a péché dès le commencement. **Le Fils de Dieu est apparu précisément pour détruire les œuvres du diable**", 1 Jean 3:8 [FRC97].

CHAPITRE 2
L 'INITIATION DANS LE MONDE SPIRITUEL :
LA NOUVELLE NAISSANCE

Jésus lui répondit : En vérité, en vérité, je te le dis, si un homme ne naît de nouveau, il ne peut voir le royaume de Dieu, Jean 3: 3.

Si tu confesses de ta bouche le Seigneur Jésus, et si tu crois dans ton cœur que Dieu l'a ressuscité des morts, tu seras sauvé. Car c'est en croyant du cœur qu'on parvient à la justice, et c'est en confessant de la bouche qu'on parvient au salut, Romans 10: 9-10.

"Jésus répondit: En vérité, en vérité, je te le dis, si un homme ne naît d'eau et d'Esprit, il ne peut entrer dans le royaume de Dieu. Ce qui est né de la chair est chair, et ce qui est né de l'Esprit est Esprit", Jean 3:5-6.

Comme nous l'avons dit dans le chapitre précédent, personne ne peut accéder dans le monde spirituel sans passer par une initiation, que ce soit négative ou positive, destructive ou constructive. Il y a une initiation satanique et une initiation divine. Et je préfère celle divine, qui m'initie à mon Créateur, au Prince de la Paix et de la vie. L'initiation au royaume des ténèbres vous conduit dans les ténèbres, sous l'emprise du « Mauvais ». Or l'initiation au Royaume de la Lumière me conduit dans la lumière, sous la protection et le contrôle du Prince de le Paix ; Prince de la Vie où je jouis de Sa vie et Sa Paix. Naître de nouveau, ou naître d'eau et d'esprit c'est le processus d'insertion, pour ne pas dire d'initiation, d'un être humain dans le Royaume de Dieu. C'est l'initiation dans le monde Spirituel de Dieu. Les sorciers et les occultistes passent par des rites terribles pour être initiés dans le spirituel de Satan leur maître et père. Nous passons par la nouvelle naissance pour être initiés dans le Royaume de Dieu, le Royaume de lumière, de paix, d'amour, de joie, de prospérité, santé, bonheur et longue vie. Et nous scellons notre nouvelle naissance, c'est-à-dire notre initiation par le baptême d'eau où le nouveau né spirituel est plongé complètement dans l'eau au Nom du Seigneur Jésus-Christ ou au Nom du Père, du Fils et du Saint-Esprit, et est ramené à la surface. Le baptême dans l'eau est un rite de passage très important, ce n'est pas cela qui te donne la nouvelle naissance ou l'accès dans le Royaume de Dieu, mais symbolique de notre transit d'une vie à une autre, d'un royaume à un autre. Faites votre choix et surtout avant qu'il ne soit tard, décidez-vous et engagez-vous quand vous avez encore le souffle. On va beau vous dire que les africains ou les asiatiques ou peut-être les européens, ou je ne sais quoi, ont chacun sa croyance, ou rites, ou façon d'adorer Dieu, c'est bien vrai, mais tout cela ne conduit guère au Dieu Créateur. Il y a un seul chemin, une seule croyance, une seule initiation pour le monde spirituel de Dieu où le Prince de Paix règne.

UNE SEULE PORTE-UN SEUL CHEMIN

La nouvelle naissance est l'initiation dans le spirituel de Dieu. Chaque village ou royaume a une porte d'entrée et un chemin qui mènent vers ce village. Certains villages ou royaumes pourront avoir plusieurs accès, mais tel n'est pas le cas pour le Royaume de Dieu ;

"Jésus leur dit encore: En vérité, en vérité, je vous le dis, je suis la porte des brebis... Je suis la porte. Si quelqu'un entre par moi, il sera sauvé; il entrera et il sortira, et il trouvera des pâturages", Jean 10:7, 9.

"Jésus lui dit: Je suis le chemin, la vérité, et la vie. Nul ne vient au Père que par moi", Jean 14:6.

Jésus-Christ est la porte d'entrée dans le Royaume de Dieu et en même temps le Chemin qui mène à Dieu. Il est la seule porte et le seul chemin ; la seule entrée et la seule piste. Quand donc nous croyons en Jésus-Christ et le confessons de notre bouche comme Seigneur et Sauveur, nous naissons de nouveau. En d'autre termes, nous sommes nés par l'Esprit Saint dans le Royaume de Dieu.

Par la nouvelle naissance nous sommes nés esprits à l'image de Christ ; notre deuxième Adam, car ce qui est né de l'Esprit est esprit. Or il faut être esprit pour accéder dans le monde spirituel. C'est un monde des esprits. Pour fonctionner ou vivre sur terre, il faut avoir un corps physique, de même pour opérer dans le monde spirituel, il faut être esprit. Par la nouvelle naissance donc, nous naissons des esprits à l'image et à la ressemblance de Dieu tel qu'Il nous a créé originellement.

Si tu ne reçois pas Jésus le seul Sauveur de toute l'humanité, tu n'entreras pas dans le Royaume de Dieu, malgré tes bonnes œuvres. Ce qui fait de toi la proie des agents des ténèbres. Aucune tradition, aucune religion, aucun prophète ni sacrifice ne peut te sauver du péché et de l'enfer. Même si le marabout te guérit, il ne peut pas t'offrir le pardon de tous tes péchés que Seul Jésus offre gratuitement. Ta secte et ta religion ne te sauveront pas, ton compte bancaire et tes voitures et maisons resteront sur la terre? Où sera ton âme ? Seul Jésus Christ te sauvera de la mort, de l'enfer et du jugement à venir ! **"Car il y a un seul Dieu, et aussi UN SEUL MÉDIATEUR entre Dieu et les hommes, JÉSUS CHRIST ...C'est aussi pour cela qu'il peut sauver parfaitement CEUX QUI S'APPROCHENT DE DIEU PAR LUI, étant TOUJOURS VIVANT pour intercéder en leur faveur"**, 1 Timothée 2:5; Hébreux 7: 25.

Jésus t'offre gratuitement le pardon de tous tes péchés et il te garantit l'éternité avec Dieu si tu crois et te détournes de tes voies pour l'accepter comme sauver.

Le salut de ton âme est primordial. Ton âme est d'un très grand prix devant Dieu, et c'est ton âme qui est ton être conscient résident dans ton corps, et originellement tu es esprit, mais mort à cause du péché à moins que tu ne sois sauver. C'est pourquoi au jour de jugement c'est ton âme qui sera jugée. Et c'est aussi pourquoi c'est ton âme qui est la cible du diable. Celui qui contrôle ton âme contrôle ta vie. Ton âme reçois la connaissance de la vérité, ton esprit reçoit ou développe la foi produite par cette connaissance, et ton corps agit en conséquence. Et si c'est le mensonge que ton âme reçoit, ça produira la fausse croyance et ton corps agira pareillement en conséquence. Tu ne peux rien recevoir de Dieu sans la foi. Or le premier pas de foi que Dieu attend de nous, c'est de croire en Son Fils Jésus-Christ pour être sauvé.

Viens à Jésus maintenant, **"Car il y a un seul Dieu, et aussi UN SEUL MÉDIATEUR entre Dieu et les hommes, JÉSUS CHRIST ...C'est aussi pour cela qu'il peut sauver parfaitement CEUX QUI S'APPROCHENT DE DIEU PAR LUI, étant TOUJOURS VIVANT pour intercéder en leur faveur"**, 1 Timothée 2: 5; Hébreux 7: 25.

Jésus-Christ est le seul Médiateur entre toi et Dieu ton Créateur, et ton seul Sauveur. Jésus t'offre gratuitement le pardon de tous tes péchés, le salut de ton âme et Lui Seul te garantit la sécurité éternelle dans le Royaume de Dieu si tu crois en Lui et te détournes de tes mauvaises voies. C'est là le point de départ d'une vie de victoire, de délivrance de ton être total, et de domination.

Jusqu'à ce que tu reconnaisses le Dieu du ciel comme ton Créateur, et Jésus Christ comme ton seul Sauveur et Seigneur, tu ne verras pas Son intervention dans ta vie. La première prière du pécheur que Dieu répond c'est la prière du salut. Il est écrit dans l'évangile de Jean que Dieu n'exauce pas au pécheur **(Jean 9: 25),** or quand un pécheur ou un incroyant entend l'évangile et crois en Jésus-Christ et le confesse, Il est sauvé à cet instant et son nom inscrit dans le livre de vie dans le Ciel.

Beaucoup de personnes honorent les idoles, les arbres et leurs ancêtres plus que Dieu qui les a créés. Or cela offense Dieu, pourtant dans des situations difficiles et complexes, c'est à Dieu qu'ils se replient et c'est Lui qu'ils blâment et accusent quand les choses vont mal. Beaucoup entendent la voix du Seigneur chaque, mais résistent et endurcissent leurs cœurs: **"C'est pourquoi, selon ce que dit le Saint Esprit: Aujourd'hui, si vous entendez sa voix, N'endurcissez pas vos cœurs, comme lors de la révolte, Le jour de la tentation dans le désert, Où vos pères me tentèrent, Pour m'éprouver, et ils virent mes œuvres Pendant quarante ans. Aussi je fus irrité contre cette génération, et je dis: Ils ont toujours un cœur qui s'égare. Ils n'ont pas connu mes voies. Je jurai donc dans ma colère: Ils n'entreront pas dans mon repos! Prenez garde, frère, que quelqu'un de vous** n'ait un cœur mauvais et incrédule, au point de se détourner du Dieu vivant. Mais exhortez-vous les uns les autres chaque jour, aussi longtemps qu'on peut dire: Aujourd'hui! afin qu'aucun de vous ne s'endurcisse par la séduction du péché"; Hébreux 3: 7-13.

La colère de Dieu est sur tous ceux qui ont rejeté Son fils Jésus-Christ. Et comment Dieu va t'Il t'aider si déjà Il est en colère avec toi? A moins que tu ne fasses la paix avec Lui. Le meilleur don de Dieu pour toi c'est Son Fils sacrifié sur la croix, c'est pourquoi il a mal au cœur quand tu rejettes le plus beau cadeau qu'il t'a offert au détriment de ton âme qui est d'un grand plus devant Lui, **"Et comme Moïse éleva le serpent dans le désert, il faut de même que le Fils de l'homme soit élevé, afin que quiconque croit en lui ait la vie éternelle. Car Dieu a tant aimé le monde qu'il a donné son Fils unique, afin que quiconque croit en lui ne périsse point, mais qu'il ait la vie éternelle. Dieu, en effet, n'a pas envoyé son Fils dans le monde pour qu'il juge le monde, mais pour que le monde soit sauvé par lui. Celui qui croit en lui n'est point jugé; mais celui qui ne croit pas est déjà jugé, parce qu'il n'a pas cru au nom du Fils unique de Dieu"**, John 3: 14-18.

Le péché a introduit la maladie dans le monde et l'oppression du diable sur toute l'humanité, comme nous voyons avec ces Juifs dans le désert. Maintenant que Jésus a pris notre place sur la croix, nous ne devons plus souffrir de nos péchés. Christ a été élevé et pendu sur le bois hors de la cille; dans le désert afin que quiconque regarde à Lui avec foi sois pardonné et guéri. En d'autres termes, celui qui espèrent en Lui en imaginant dans son cœur le vois pendu sur le bois, enterré et ressuscité (bien qu'Il soit ressuscité); obtient gratuitement le salut et la guérison: **Mon âme, bénis l'Éternel, Et n'oublie aucun de ses bienfaits! C'est lui qui pardonne toutes tes iniquités, Qui guérit toutes tes maladies; C'est lui qui délivre ta vie de la fosse, Qui te couronne de bonté et de miséricorde;** Psaumes 103: 2-4.

Jusqu'à ce que tu sois sauvé, tu n'es pas sécurisé. Le salut t'épargne des œuvres du diable. Pourquoi la nouvelle naissance est-elle indispensable pour échapper aux à œuvres des ténèbres?

Le Salut : Notre Seul Issue Echappatoire!

Le salut est notre seule issue; et Jésus est le Seul Sauveur – Le Seul Chemin. C'est grâce à Lui Seul que nous pouvons être sauvés et épargnés, parce qu'en croyant en Lui nous devenons Ses brebis - des enfants de Dieu – et Il devient notre Berger, Défenseur et Protecteur.

Quand Jésus est mort sur la croix, c'est pour Adam qu'Il est mort; je veux dire à sa place. Et s'Il est mort pour Adam, Il est donc mort pour nous, et si Jésus est mort pour nous (à notre place), nous sommes sauvés par Lui pour vivre à Sa place. Il est mort notre mort pour que nous vivions Sa vie; **"Car l'amour de Christ nous presse, parce que nous estimons que, si un seul est mort pour tous, tous donc sont morts; et qu'il est mort pour tous, afin que ceux qui vivent ne vivent plus pour eux-mêmes, mais pour celui qui est mort et ressuscité pour eux... Car Dieu a tant aimé le monde qu'il a donné son Fils unique, afin que quiconque croit en lui ne périsse point, mais qu'il ait la vie éternelle... Celui qui croit au Fils a la vie éternelle; celui qui ne croit pas au Fils ne verra point la vie, mais la colère de Dieu demeure sur lui"**, (2 Corinthiens 5: 14-15, Jean 3: 16, 36).

> **Jésus est La pierre rejetée par vous qui bâtissez, Et qui est devenue la principale de l'angle. Il n'y a de salut en aucun autre; car il n'y a sous le ciel aucun autre nom qui ait été donné parmi les hommes, par lequel nous devions être sauvés,** Actes 4: 11-12

Christ est mort pour nous parce qu'Il a porté sur Lui-même nos péchés, et si vraiment Il a porté nos péchés, il a aussi porté notre punition, nos maladies et nos souffrances. Si nous sommes sauvés par Lui, nous sommes aussi Guéris par Lui. Jésus-Christ le Fils de Dieu était sans péché, pourtant Il venu dans la chair et a souffert comme un malfaiteur. Pour qui et pour quoi a-t-Il subi tout cela? C'est pour nous, pour moi et pour toi, il faut croire; **"Celui [Jésus-Christ] qui n'a point connu le péché, il l'a fait devenir péché pour nous, afin que nous devenions en lui (CHRIST) justice de Dieu",** 2 Corinthiens 5: 21.

"Méprisé et abandonné des hommes, Homme de douleur et habitué à la souffrance, Semblable à celui dont on détourne le visage, Nous l'avons dédaigné, nous n'avons fait de lui aucun cas. Cependant, ce sont nos souffrances qu'il a portées, C'est de nos douleurs qu'il s'est chargé; Et nous l'avons considéré comme puni, Frappé de Dieu, et humilié. Mais il était blessé pour nos péchés, Brisé pour nos iniquités; Le châtiment qui nous donne la paix est tombé sur lui, Et c'est par ses meurtrissures que nous sommes guéris. Nous étions tous errants comme des brebis, Chacun suivait sa propre voie; Et l'Éternel a fait retomber sur lui l'iniquité de nous tous", Esaïe 53: 3-6.

Tous tes péchés, offenses et toutes tes fautes que tu aurais commis toute ta vie durant, malgré leur gravité (peu importe contre qui tu les as commis) sont retombés sur Christ sur la croix. Tout ce que Dieu demande et attend de toi c'est que tu crois et acceptes cette vérité absolu, et tout est accompli. En même temps, tes souffrances, ta punition, ton jugement, ton châtiment, tes malédictions, ta condamnation et toutes tes maladies Il a tout porté pour que tu en sois épargné toute ta vie. Ô quel merveille, quelle bonne nouvelle, quelle vérité! Gloire à Dieu! Oui c'est vrai! Il a été affligé pour moi et pour toi: **"Lui qui n'a point commis de péché, Et dans la bouche duquel il ne s'est point trouvé de fraude...lui qui a porté lui-même nos péchés en son corps sur le bois, afin que morts aux péchés nous vivions pour la justice; lui par les meurtrissures duquel vous avez été guéris",** 1 Pierre 2: 22, 24.

Maintenant que Christ a déjà souffert pour nous, puni à notre place, a porté nos maladies, est mort pour nous, pourquoi souffrons-nous toujours? Pourquoi sommes-nous toujours malades et affligés?

IL FAUT NAITRE DE DIEU: DEVENIR SON ENFANT!

Les neuvaines et les prières de (ou à) Marie que nous récitons chaque jour ne peuvent et ne pourrons jamais nous aider ou nous délivrer du royaume des ténèbres. Plus nous récitons, plus nous sommes affligés. C'est la nouvelle naissance qui est la solution. Tant qu'on est pécheur, l'on demeure pécheur et descendant d'Adam et sous l'emprise du Diable.

Avant que Jésus ne vienne dans le monde, l'humanité était sous l'empire du diable, et c'est Lui Seul qui a pu les délivrer et les guérir, et Il continue de le faire par Ses serviteurs aujourd'hui dont je fais partie,

"Le soir, on amena auprès de Jésus plusieurs démoniaques. Il chassa les esprits par sa parole, et il guérit tous les malades, afin que s'accomplît ce qui avait été annoncé par Ésaïe, le prophète: Il a pris nos infirmités, et il s'est chargé de nos maladies... Jésus Christ est le même hier, aujourd'hui, et éternellement", (Matthieu 8: 16-17; Hébreux 13: 8).

Jusqu'à ce que tu sois délivré des mauvais esprits, tu ne peux pas être guéri de ta maladie, surtout ces maladies mystiques qui n'ont aucune solution médicale. C'est pourquoi très souvent les gens passent leur vie à faire des tours dans les hôpitaux, ils ne sont ni malades ni en santé, toujours entrain de dépenser à l'hôpital ou à la pharmacie, comme c'était mon cas depuis ma tendre enfance jusqu'à ce que je rencontre Christ dans la vingtaine. N'est-il pas étonnant que tu partes à l'hôpital et le médecin te dit après tant d'examens qu'il ne voit rien, pourtant tu est malade? Tu as besoin de Jésus-Christ dans ta vie.

J'avais longtemps sacrifié et visité les marabouts et les hôpitaux sans changement, sans guérison, à tel point où un jour j'ai dit à ma mère (étant en classe de 1ère) que assez c'est assez, je préfère mourir que de vivre cet enfer. Plus tard, Jésus est venu dans ma vie quand je me suis repenti et l'ai accepté comme mon seul Seigneur et Sauveur personnel pendant mon séjour à Bamenda, quand je suis entré dans une église dite 'pentecôtiste' pour la toute première fois dans ma vie, malgré qu'on disait que ce sont des mauvaises églises, des sectes, etc. J'ai été effrayé par ce qu'on disait et j'ai fui l'église pour un long temps.

C'est pourtant là que j'ai trouvé mon salut, ma délivrance et ma guérison quand plus tard je me suis décidé de m'engager malgré les on-dit, et aujourd'hui, Dieu m'utilise pour délivrer, guérir et sauver les autres. Si tu n'es pas encore sauvé, c'est ton tour, c'est ton jour. Maintenant même tu peux être sauvé, délivré et guéri. Puis dominer sur les forces du mal dans le monde spirituel. Comme il est écrit, « **Puisque nous travaillons avec Dieu, nous vous exhortons à ne pas recevoir la grâce de Dieu en vain. Car il dit: Au temps favorable je t'ai exaucé, Au jour du salut je t'ai secouru. Voici maintenant le temps favorable, voici maintenant le jour du salut** », 2 Corinthiens 6:1-2.

Cher lecteur, parlant de la descendance d'Adam et de la nouvelle naissance, ce livre ne peut pas tout contenir, nous évitons de nous dévier du point focal qui est d'accéder et dominer dans le monde spirituel. Alors, faites tout possible pour obtenir notre livre intitulé: **LE MYSTERE DE LA NOUVELLE NAISSANCE – DOMINER LES FORCES DU MAL**, un petit livre très riche. Je vous conseille aussi le livre: **RESSUSCITE ET ASSIS AVEC CHRIST!**

Si vous voulez donc naître de nouveau, et si vous croyez, faites la prière du salut à la page suivante :

PRIÈRE DU SALUT [D'ACCÈS DANS LE MONDE SPIRITUEL]

Alors, reçois Jésus-Christ maintenant et tu seras sauvé. Fais cette prière avec foi et conviction :

[Seigneur Jésus, merci d'être mort pour moi sur la croix. Je crois de tout mon cœur que tu es le Fils de Dieu, tu es mort pour moi sur la croix, enterré et ressuscité le troisième jour d'entre les morts. C'est pourquoi je confesse de ma bouche que tu es mon Seul Seigneur et Sauveur Personnel. Fais de moi enfant de Dieu et délivre-moi de Satan pour servir le Dieu vivant. Remplis-moi maintenant de Ton Esprit que tu as promis. Je le reçois avec foi au Non de Jésus, Amen ! Merci Seigneur de m'avoir sauvé du péché, de Satan et de la mort, car je suis maintenant né de nouveau. Saint-Esprit de Dieu, Consolateur et fidèle berger de mon âme, je t'ouvre mon cœur ce jour, prend la conduite de ma vie à partir de ce jour au Nom de jésus Christ. Je suis enfant de Dieu et sans Toi je ne peux rien. Je t'accueille avec foi au Nom de Jésus. Amen ! Merci Père, de m'avoir donné Ton Esprit comme Guide tout le reste de ma vie. Je ne serai plus jamais dans la honte et la confusion au Nom de Jésus Christ. Amen !]

Alors, ayant faire cette prière sincèrement, tu es sauvé. Cela veut dire que tu es né déjà dans le monde spirituel, dans le Royaume de Dieu. Il te faut une Bible et un berger, ou encore une famille spirituelle, appelée église, là tu seras baptisé dans l'eau pour couronner ton salut et ainsi sceller ton initiation dans le Royaume de Dieu. Contactez-nous si possible ou nécessaire, mais surtout achetez une Bible complète maintenant, même s'il faut vendre certaines choses pour vous en procurer. La Bible est la première chose que tout homme doit avoir dans sa vie, surtout les chrétiens. Aies la Bible pour toi-même, achètes une pour tes parents, pour tes enfants et une pour ta femme. Garde une Bible au bureau ou dans ta boutique et l'autre à domicile. Pour tout voyage, que la Bible soit la première chose dans ton sac, et rassure-toi de la lire constamment. Engage-toi à lire ta Bible et prie chaque jour. Surtout aussi retrouve une Eglise où la parole de Dieu est enseignée et pratiquée, et où on prie vraiment, et où la Puissance de Dieu et du Saint Esprit se manifeste. Contacte-nous pour plus de besoin et assistance. Nos contacts sont à la fin de ce livre. **QUE LE SEIGNEUR ET SON SAINT ESPRIT VOUS CONDUIT LE RESTE DE VOTRE MARCHE CRETIENNE.**

TA PRISON EST TERMINEE CE JOUR AU PUISSANT NOM DE JESUS-CHRIST.

[Les sages se lèvent toujours très tôt pour commander le matin et ordonner leur journée. Nous avons l'impression que Job était frappé de tant de malheur parce qu'il n'avait pas compris ce principe. Ecoutons ce que Dieu lui demande,

"Depuis que tu existes, as-tu commandé au matin? As-tu montré sa place à l'aurore, Pour qu'elle saisisse les extrémités de la terre, Et que les méchants en soient secoués; Pour que la terre se transforme comme l'argile qui reçoit une empreinte, Et qu'elle soit parée comme d'un vêtement; Pour que les méchants soient privés de leur lumière, Et que le bras qui se lève soit brisé?", Job 38:12-15.]

CHAPITRE 3

PREND CONTROLE DE TA JOURNEE ET DE TA VIE.

"Un homme...a semé une bonne semence dans son champ. Mais, PENDANT QUE LES GENS DORMAIENT, son ennemi vint, sema de l'ivraie parmi le blé, et s'en alla" (Mathieu 13:24-25).

"Sois attentif à mes cris, mon roi et mon Dieu! C'est à toi que j'adresse ma prière. ÉTERNEL! LE MATIN TU ENTENDS MA VOIX; LE MATIN JE ME TOURNE VERS TOI, et je regarde", Psaumes 5: 3-4.

La matinée est le moment par excellent d'aller devant le Seigneur avec des remerciements et des actions de grâces pour sa miséricorde, Sa grâce, Sa bonté et Sa protection sur nos vies, l'apprécier pour nous avoir gardés et nous avoir offerts un jour nouveau.

C'est en même temps le meilleur moment de lire, méditer la Parole de Dieu et surtout prier pour cette nouvelle journée établie devant nous. Voilà pourquoi la prière matinale est mieux appelée **dévotion matinale**. Chaque jour, Dieu nous ouvre de nouvelles portes (opportunités), et nous devons consolider cela dans la prière parce que les ennemis sont nombreux; **"Je connais tes œuvres. Voici, parce que tu a peu de puissance, et que tu as gardé ma parole, et que tu n'as pas renié mon nom, j'ai mis devant toi une porte ouverte, que personne ne peut fermer"**, Apocalypse 3: 8.

Car une porte grande et d'un accès efficace m'est ouverte, et les adversaires sont nombreux, 1 Corinthiens 16: 9.

Les heures avant le levé du jour quand il fait encore sombre sont les heures très stratégiques dans le monde spirituel. L'aube du matin c'est le moment par excellent pour prendre contrôle de sa journée. Jésus-Christ pendant son séjour terrestre vivait par ce principe spirituel,

« Vers le **matin**, pendant qu'il faisait **encore très sombre,** il se **leva,** et sortit pour aller dans un lieu désert, **où il pria.** », Marc 1:35.

Etant Dieu dans la chair, Il savait bien ce qu'il faut faire pour que Sa journée soit pleine de succès et qu'Il soit au contrôle de tout. Nous devons faire pareil ;

"**Le soir, après le coucher du soleil, on lui amena tous les malades et les démoniaques. Et toute la ville était rassemblée devant sa porte. Il guérit beaucoup de gens qui avaient diverses maladies; il chassa aussi beaucoup de démons, et il ne permettait pas aux démons de parler, parce qu'ils le connaissaient. Vers le matin, pendant qu'il faisait encore très sombre, il se leva, et sortit pour aller dans un lieu désert, où il pria**", Marc 1: 32-35.

Les sages se lèvent toujours très tôt pour commander le matin et ordonner leur journée. Nous avons l'impression que Job était frappé de tant de malheur parce qu'il n'avait pas compris ce principe. Ecoutons ce que Dieu lui demande,

"Depuis que tu existes, as-tu **commandé au matin**? As-tu montré sa place à l'aurore, Pour qu'elle saisisse les extrémités de la terre, Et que les méchants en soient secoués; Pour que la terre se transforme comme l'argile qui reçoit une empreinte, Et qu'elle soit parée comme d'un vêtement; Pour que les méchants soient privés de leur lumière, **Et que le bras qui se lève soit brisé?**", Job 38:12-15.

Les premières heures de la matinée sont donc mieux indiquées pour remercier Dieu pour Ses plans pour nos vies, pour notre journée; sachant que Ses plans pour nous sont les projets de paix et de bonheur, et non de malheur ou de mort. David a dit concernant sa nouvelle journée (Psaumes 118: 24), **"C'est ici la journée que l'Éternel a faite: Qu'elle soit pour nous un sujet d'allégresse et de joie!"**.

Alors c'est le moment de déclarer des bonnes choses concernant notre journée, notre vie, notre famille & nation, notre sortie, tous nos déplacements ou voyage. C'est le meilleur moment d'anéantir et d'annuler tous les mauvais plans des méchants contre nous et condamner tous ceux qui veulent maudire notre journée, comme il est écrit **"Toute arme forgée contre toi sera sans effet; Et toute langue qui s'élèvera en justice contre toi, TU LA CONDAMNERAS. Tel est l'héritage des serviteurs de l'Éternel, Tel est le salut qui leur viendra de moi, Dit l'Éternel"** (Ésaïe 54: 17).

C'est toi qui dois condamner dans la prière toutes les langues des méchants qui s'ouvrent en jugement contre tes études, tes finances, ton mariage, tes enfants, ta femme/époux, tes parents, ton emploi. Tu dois condamner toutes les langues dans ton lieu de service qui jurent que tu ne seras jamais promu ou que tu seras affecté, suspendu ou licencié. Toutes les langues qui jurent que tu ne va pas vendre, ou que tu ne seras jamais marié(e), ou qu'on entendra jamais les cris d'un enfant chez toi.

Mais surtout, évite toi-même d'être un obstacle pour autrui ou de faire le mal à quelqu'un d'autre parce que ce que tu sèmes c'est ce que tu récoltes. En priant contre tes ennemis, ne sois pas toi-même ennemi de quelqu'un d'autre. En priant contre les méchants et les sorciers, ne sois pas toi-même méchant ou sorcier (méchante ou sorcière). En priant contre les vampires, ne sois pas toi-même vampire. N'oublie jamais que Dieu n'exauce pas aux pécheurs. Tous les sacrifices que nous offrons dans le péché et la méchanceté, Dieu ne reçoit jamais.

Dans Sa Parole il est écrit; « **Celui qui cache ses transgressions ne prospère point, Mais celui qui les avoue et les délaisse obtient miséricorde** », Proverbes 28: 13.

> **Le sacrifice des méchants est en horreur à l'Éternel, Mais la prière des hommes droits lui est agréable,** Proverbes 15: 8.

> **Si j'avais conçu l'iniquité dans mon cœur, Le Seigneur ne m'aurait pas exaucé. Mais Dieu m'a exaucé, Il a été attentif à la voix de ma prière. Béni soit Dieu, Qui n'a pas rejeté

ma prière, Et qui ne m'a pas retiré sa bonté, Psaumes 66: 18!

Si quelqu'un détourne l'oreille pour ne pas écouter la loi, Sa prière même est une abomination, Proverbes 28: 9.

Alors lève-toi chaque matin de bonne heure, lis d'abord les passages ci-haut, puis choisis un chapitre de Psaumes et un chapitre dans le nouveau Testament, et ne saute pas. Va progressivement jusqu'à la fin du chapitre et ainsi de suite. Puis retiens un verset ou un passage que tu vas réciter et méditer toute la journée. Il est conseillé de prier d'une manière organisée et disciplinée. C'est-à-dire fixer une heure à laquelle tu pries chaque jour.

Il est préférable de faire la prière matinale dans la tranche de la journée comprise entre 3h de l'aube à 6 heures du matin.

Beaucoup de personnes à cause de leur travail sont en route dès 5h ou 6h, alors c'est pratiquement impossible pour eux de prier en ce moment-là. Si tu es de cette catégorie tu peux donc fixer ton heure de prière à 3h ou 4h, ou peut-être entre 7h-8h si tu es libre en ce moment. Ton heure de prière doit être une heure où tu es entièrement libre et séparé de toute distraction, car une bonne prière doit durer entre 30 minutes et 1 heure de temps. Bien sûr, tu peux prier jusqu'à 3heures ou 5h de temps et même plus dépendant de la grâce que Dieu t'accorde, mais ne fais pas une prière matinale de moins de 30 minutes; sauf en cas d'incapacité.

Méditons les Psaumes 46:1-11

[1](46:2) Dieu est pour nous un refuge et un appui, Un secours qui ne manque jamais dans la détresse.

[2](46:3) C'est pourquoi nous sommes sans crainte quand la terre est bouleversée, Et que les montagnes chancellent au cœur des mers,

[3](46:4) Quand les flots de la mer mugissent, écument, Se soulèvent jusqu'à faire trembler les montagnes. -Pause.

[4](46:5) Il est un fleuve dont les courants réjouissent la cité de Dieu, Le sanctuaire des demeures du Très Haut.

[5](46:6) Dieu est au milieu d'elle: elle n'est point ébranlée; **Dieu la secourt dès l'aube du matin.**

[6](46:7) Des nations s'agitent, des royaumes s'ébranlent; Il fait entendre sa voix: la terre se fond d'épouvante.

[7](46:8) L'Éternel des armées est avec nous, Le Dieu de Jacob est pour nous une haute retraite. -Pause.

[8](46:9) Venez, contemplez les œuvres de l'Éternel, Les ravages qu'il a opérés sur la terre!

[9](46:10) C'est lui qui a fait cesser les combats jusqu'au bout de la terre; Il a brisé l'arc, et il a rompu la lance, Il a consumé par le feu les chars de guerre. -

[10](46:11) Arrêtez, et sachez que je suis Dieu: Je domine sur les nations, je domine sur la terre. -

[11](46:12) L'Éternel des armées est avec nous, Le Dieu de Jacob est pour nous une haute retraite. -Pause.

CHAPITRE 4
14 CLÉS POUR UNE CONNEXION SPIRITUELLE EFFECTIVE

Il y a des bonnes dispositions que nous devons prendre, pas seulement dans la prière matinale, mais aussi dans toute autre prière qui doit retenir l'attention de Dieu. Dieu ne considère que les prières qui sont faites avec foi et sérénité. Alors,

1. Tout d'abord, reconnaissez Dieu comme votre Père, et bénissez Son Nom. Que cela veut-il dire? Viens devant Dieu comme un enfant, oublie ton âge, tes diplômes, ta richesse et ta position dans la société, afin que Dieu te reçoive: Matthieu 6: 9; Matthieu 18: 2-4. Et si tu ne nais pas de nouveau, Dieu ne peut être ton Père. Par conséquence, tu ne peux ni accéder le monde spirituel ni avoir le pouvoir de contrôler le spirituel. Le chapitre suivant t'aidera à mieux comprendre la nouvelle naissance.

"Voici donc comment vous devez prier: Notre Père qui es aux cieux! Que ton nom soit sanctifié"

"Jésus, ayant appelé un petit enfant, le plaça au milieu d'eux, et dit: Je vous le dis en vérité, si vous ne vous convertissez et si vous ne devenez comme les petits enfants, vous n'entrerez pas dans le royaume des cieux. C'est pourquoi, quiconque se rendra humble comme ce petit enfant sera le plus grand dans le royaume des cieux".

1. Choisissez un lieu tranquille et calme: Matthieu 6: 6;

"Mais quand tu pries, entre dans ta chambre, ferme ta porte, et prie ton Père qui est là dans le lieu secret; et ton Père, qui voit dans le secret, te le rendra".

1.   Eteignez le portable et la télévision: Habakuk 2: 20;

"L'Éternel est dans son saint temple. Que toute la terre fasse silence devant lui!"

1.   Evitez de parler aux autres en priant.
2.   Concentrez-vous et évitez toute forme de distraction.
3.   Croyez que Dieu vous entend et vous exaucera; Hébreux 11: 6,

"Or sans la foi il est impossible de lui être agréable; car il faut que celui qui s'approche de Dieu croie que Dieu existe, et qu'il est le rémunérateur de ceux qui le cherchent".

1.   Commencez par l'action de grâces: Philippiens 4: 6;

"Ne vous inquiétez de rien; mais en toute chose faites connaître vos besoins à Dieu par des prières et des supplications, avec des actions de grâces."

1.   Dépendez de Dieu et pardonnez aux autres tous ce qu'ils vous auraient faits, ne gardez par rancune: Matthieu 6: 12, 14-15; "Pardonne-nous nos offenses, comme nous aussi nous pardonnons à ceux qui nous ont offensés... Si vous pardonnez aux hommes leurs offenses, votre Père céleste vous pardonnera aussi; mais si vous ne pardonnez pas aux hommes, votre Père ne vous pardonnera pas non plus vos offenses".

"S'il est possible, autant que cela dépend de vous, soyez en paix avec tous les hommes. Ne vous vengez point vous-mêmes, bien-aimés, mais laissez agir la colère; car il est écrit: A moi la vengeance, à moi la rétribution, dit le Seigneur", Romains 12: 18-19.

1. Demandez Sa grâce et l'aide de Son Esprit dans la prière (Romains 8: 26-27; Hébreux 4: 16);

"De même aussi l'Esprit nous aide dans notre faiblesse, car nous ne savons pas ce qu'il nous convient de demander dans nos prières. Mais l'Esprit lui-même intercède par des soupirs inexprimables; et celui qui sonde les cœurs connaît quelle est la pensée de l'Esprit, parce que c'est selon Dieu qu'il intercède en faveur des saints... Approchons-nous donc avec assurance du trône de la grâce afin d'obtenir miséricorde et de trouver grâce, pour être secourus dans nos besoins".

1. Louez et adorez Dieu avec des cantiques: Psaumes 100: 4-5; **"Entrez dans ses portes avec des louanges, Dans ses parvis avec des cantiques! Célébrez-le, bénissez son nom! Car l'Éternel est bon; sa bonté dure toujours, Et sa fidélité de génération en génération".**
2. Lisez et méditez Sa parole, choisissez le passage à lire et remarquez où vous vous êtes arrêtés, afin de continuer le lendemain. N'ouvrez pas la Bible au hasard comme beaucoup le font, commencez par exemple au début du Nouveau Testament, et lisez livre après livre, chapitre après chapitre Jusqu'à la fin de l'année. C'est ainsi qu'on grandit dans la foi et la connaissance de Dieu: Psaume 1: 1-3; Esaïe 50: 4; **"Heureux l'homme qui ne marche pas selon le conseil des méchants, Qui ne s'arrête pas sur la voie des pécheurs, Et qui ne**

s'assied pas en compagnie des moqueurs, Mais qui trouve son plaisir dans la loi de l'Éternel, Et qui la médite jour et nuit! Il est comme un arbre planté près d'un courant d'eau, Qui donne son fruit en sa saison, Et dont le feuillage ne se flétrit point: Tout ce qu'il fait lui réussit".

"Le Seigneur, l'Éternel, m'a donné une langue exercée, Pour que je sache soutenir par la parole celui qui est abattu; Il éveille, chaque matin, il éveille mon oreille, Pour que j'écoute comme écoutent des disciples".

1. Maintenant adressez vos requêtes à Dieu votre Père Céleste au Nom de Jésus-Christ, intercédez pour la nation et les autres personnes; membres de famille et autres (Jean 14: 13-14; 16: 24);

"Jusqu'à présent vous n'avez rien demandé en mon nom. Demandez, et vous recevrez, afin que votre joie soit parfaite".

"Ce n'est pas vous qui m'avez choisi; mais moi, je vous ai choisis, et je vous ai établis, afin que vous alliez, et que vous portiez du fruit, et que votre fruit demeure, afin que ce que vous demanderez AU PERE EN MON NOM, il vous le donne", Jean 15: 16.

1. Passez au moins **1 heure** devant le Seigneur chaque matin avant de vous engager à quoi que ce soit dans la journée. Si vous êtes employé ou élève, vous pouvez vous lever très tôt, et pour ceux qui sont libres, ne renvoyez pas votre dévotion matinale à une heure tardive. Plutôt c'est mieux de revenir en prières dans la journée, mais c'est excellent de consacrer les premières heures de la journée à Dieu dans la prière et la

méditation de Sa Parole:

"Et il vint vers les disciples, qu'il trouva endormis, et il dit à Pierre: Vous n'avez donc pu veiller une heure avec moi!"

1. La foi: crois que Dieu t'a exaucé et finis ta prière ou dévotion matinale avec des actions de grâces: Marc 11: 24; 1 Jean 5: 14-15; **"C'est pourquoi je vous dis: Tout ce que vous demanderez en priant, croyez que vous l'avez reçu, et vous le verrez s'accomplir...Nous avons auprès de lui cette assurance, que si nous demandons quelque chose selon sa volonté, il nous écoute. Et si nous savons qu'il nous écoute, quelque chose que nous demandions, nous savons que nous possédons la chose que nous lui avons demandée".**

Nous devons comprendre ces principes et les appliquer afin d'avoir une vie de prière affective. Maintenant, tu peux suivre des exemples de prières suivantes pour prier chaque matin. Mais, ces prières ne sont pas statiques ou finales, ce sont des modèles ou échantillons de prières pour t'aider à mieux prier. Laisse le Saint-Esprit te conduire et t'inspirer à prier au quotidien selon tes besoins et les circonstances de ta vie.

CHAPITRE 5
ACTIVER SA CONNEXION SPIRITUELLE

Dans le monde spirituel divin ; c'est-à-dire le Royaume de Dieu, la prière fondée sur la Parole de Dieu est la clé majeure pour activer ta connexion spirituelle et marcher dans la domination. Nous avons besoin de la foi certes, mais sans la prière quotidienne et régulière, nous pouvons par dominer dans le monde spirituel. Or tout ce qui se passe dans nos est simplement la manifestation physique de ce qui a été décidé et programmé dans le monde de l'esprit. Quand vous visionnez chez vous, vous ne pouvez pas arrêter ou changer le programme ou le filme qui passe dans votre téléviseur malgré votre haine et colère contre cela, sauf si vous éteignez votre télévision. Et le fait que votre télévision est éteinte ne veut pas dire que le programme ne passe plus sur cette chaîne, le programme continu dans les ondes. Seuls ceux qui sont dans le studio de cette chaîne ou ceux qui y ont accès peuvent programmer, déprogrammer ou influencer les programmes qui se projettent sur cette chaîne particulière. Tel est le monde spirituel ; c'est comme un studio ou laboratoire où les scènes de nos vies sont engendrées, fabriquées, programmées, déprogrammées et reprogrammées. Dieu a un programme pour votre vie, mais vous avez besoin de savoir déclencher ou activer la manifestation de Ses plans, sinon les hommes méchants sont capables soit de retarder le programme de Dieu pour votre vie et famille, soit même de reprogrammer le leur, avec les scènes de malheur, échecs, déceptions, rejet, pertes, maladies, etc., pour vous, **"Car moi, le Seigneur, je sais bien quels projets je forme pour vous ; et je vous l'affirme : ce ne sont pas des projets de malheur mais des projets de bonheur. Je veux vous donner un avenir à espérer. Si vous venez alors m'appeler et me prier, je vous écouterai"**, Jérémie 29: 11-12. [FRC97].

Nous voyons dans ce passage du Prophète Jérémie que le plan de bonheur que Dieu a pour nous ne se manifeste pas automatiquement. Nous devons venir devant Dieu et prier pour activer Son plan. L'Esprit de Dieu nous aide à connecter le monde spirituel où les choses se décident et sont contrôlés. C'est les hommes spirituels qui dominent dans le monde physique. C'est pourquoi beaucoup de personnes cherchent de l'aide chez les charlatans et les magiciens pour de l'aide et la protection. Malheureusement eux-mêmes font partis du royaume des ténèbres, et ne peuvent même pas les affranchir. Un esclave ne peut pas te délivrer de son maître, il peut te consoler avec un soulagement temporaire.

Dieu qui est le Créateur de toute chose, le Tout-Puissant et Suprême, Lui seul peut t'aider.

"De même aussi l'Esprit nous aide dans notre faiblesse, car nous ne savons pas ce qu'il nous convient de demander dans nos prières. Mais l'Esprit lui-même intercède par des soupirs inexprimables; et celui qui sonde les cœurs connaît quelle est la pensée de l'Esprit, parce que c'est selon Dieu qu'il intercède en faveur des saints... Approchons-nous donc avec assurance du trône de la grâce afin d'obtenir miséricorde et de trouver grâce, pour être secourus dans nos besoins", Romains 8: 26-27 ; Hébreux 4 :16.

La prière nous donne accès à la miséricorde et la grâce de Dieu par lesquelles nous sommes secourus dans nos vies. Une vie sans prière est une vie privée de la grâce divine. Une famille sans prière est une famille où la grâce de Dieu est absente. Et quand la grâce de Dieu est absente dans une vie ou dans une famille, les crises, les peines, les misères, les oppressions et malheurs de toutes sortes y sont multipliés. David le Grand roi d'Israël criaient à Dieu chaque matin pour Son intervention et Son secours dans sa vie. Et un roi de son statut pouvait crier à Dieu, qui sommes-nous ? Nous devons élever nos prières au Seigneur de la vie, surtout tôt le matin, comme le roi David, **"Sois attentif à mes cris, mon roi et mon Dieu! C'est à toi que j'adresse ma prière. Éternel!**

le matin tu entends ma voix; **Le matin je me tourne vers toi, et je regarde**", Psaumes 5: 3-4.

Le Seigneur travaille chaque matin en faveur de ceux qui l'invoque. Même si le Seigneur est avec vous, s'Il est présent dans une famille ou même église, c'est nos prières qui Lui donne la permission de d'agir en notre faveur. Il est Omniscient et Omniprésent, mais Il attend notre invitation pour intervenir dans nos affaires. Il est écrit : "**L'Éternel est juste au milieu d'elle, Il ne commet point d'iniquité; Chaque matin il produit à la lumière ses jugements, Sans jamais y manquer; Mais celui qui est inique ne connaît pas la honte**, Sophonie 3:5.

Malheur à ceux qui de bon matin Courent après les boissons enivrantes, Et qui bien avant dans la nuit Sont échauffés par le vin!, Esaïe 5: 11.

Éternel, aie pitié de nous! Nous espérons en toi. **Sois notre aide chaque matin**, Et notre délivrance au temps de la détresse!, Esaïe 33: 2.

Depuis le jour où vos pères sont sortis du pays d'Égypte, Jusqu'à ce jour, Je vous ai envoyé tous mes serviteurs, les prophètes, **Je les ai envoyés chaque jour, dès le matin**, Jérémie 7: 25.

L'Éternel vous a envoyé tous ses serviteurs, les prophètes, **il les a envoyés dès le matin; et vous n'avez pas écouté**, vous n'avez pas prêté l'oreille pour écouter, Jérémie 25: 4.

Prière 1er Jour: LUNDI

[Mon Père céleste, je te remercie pour ce jour nouveau que tu m'accordé. Je te retourne toute la gloire de ta parole et de toutes tes promesses de paix et de bonheur, pour ma famille et moi, pour mes pasteurs et tous mes frères et sœurs en Christ. Tu m'as protégé et m'as gardé pendant que je dormais, j'en suis reconnaissant.

Seigneur Jésus, merci parce que tu ne cesses d'intercéder pour moi devant le trône de grâce et que tes anges sont constamment à mon secours. C'est par ta grâce que je suis vivant, j'en suis reconnaissant.

Saint Esprit de Dieu, je te remercie de la force et de la sagesse. Tu es mon fidele consolateur, et tu ne cesses de me conduire et de me secourir. Aujourd'hui encore tu seras avec moi partout où j'irai, pour m'aider, m'encourager et m'inspirer. Merci pour ton aide constant.

Je te remercie Seigneur de toute ma famille, pour la protection, la provision, la sante, la bénédiction, le progrès et l'avancement dans tous les domaines. Merci pour le salut et la victoire dans toutes nos épreuves. Merci également pour l'assistance que tu donnes à mes pasteurs et les dirigeants de notre pays. Tu es au control de tout et tu fais toute chose œuvré pour notre bien.

Père Céleste, accorde-moi le succès, le progrès et la productivité ce jour comme Tu m'as promis dans ta Parole (Esaïe 37: 37: 30-31; Deutéronome 28: 3-13). Ma journée est bénie, et tout ce que je touche ce jour prospèrera au Nom de Jésus-Christ. Reçois l'honneur et la gloire au nom de Jésus Christ.

Mon Père Céleste, je compte sur Toi ce jour, je sais que tu me protègeras ce jour encore. Seigneur, veille sur moi aujourd'hui et conduis-moi dans le bonheur et la faveur divine par Tes anges.

Saint-Esprit, je dépends de Toi ce jour, conduis-moi dans la vérité de l'évangile ce jour et délivre-moi des erreurs et des mauvais choix.

Père Céleste, accorde-moi le succès, la percée et la productivité aujourd'hui selon Ta parole dans Esaïe 65: 20-25; Deutéronome 30: 9-10). Ma journée est bénie, et tout ce que je touche ce jour prospèrera au Nom de Jésus-Christ. Je couvre ma vie, mes affaires, mon travail, mon déplacement, mes enfants, mes études... dans le sang de Jésus. Comme je sors, je suis couvert du sang de Jésus-Christ. Amen!

Je déclare que je marche dans la puissance, la victoire, la gloire, la faveur divine et l'excellence au Nom de Jésus-Christ. L'Esprit de Dieu me conduit dans des bons endroits, dans la faveur et des bénédictions abondantes au Nom de Jésus. Je réussie dans tout ce que je fais et prospère de gloire en gloire au Nom de Jésus-Christ. Amen!]

Prière 2e Jour: MARDI.

[Notre Père de gloire Tu règnes éternellement, tu es juste et tu hais le mal, et les méchants ne subsistent pas devant toi. Je te rends d'abondantes actions de grâces ce matin de m'avoir protéger cette. Oui Seigneur Tu as veillé sur moi, ma famille et toute ma nation. Je te dis merci pour tout Tes bienfaits et Tes merveilles. Sois glorifié Papa.

(Lis Esaïe 45: 1-3), Père Céleste, je te confie ma journée et je demande au Nom de Jésus-Christ que tu ailles devant moi ce jour encore afin de me conduire et combattre pour moi. Défends-moi et délivre-moi aujourd'hui de tout mal et de tous les plans de mes ennemis comme Tu as dit dans Ta parole. Tout ce que les méchants et ceux qui me haïssent protègent contre moi n'arrivera pas et n'aura pas lieu selon Esaïe 7: 7. Je suis plus que vainqueur en Jésus-Christ le Fils de Dieu.

Seigneur Jésus, prends le control de ma vie ce jour et sois mon berger, délivre du mal et de toute tentation, car je te promets de m'éloigner du péché et de toute mauvaise voie ce jour par l'aide de Ton Esprit (Romains 12: 9). Je rejette la paresse et l'oisiveté aujourd'hui au Nom de Jésus-Christ (Romains 12: 11) et je choisis de servir le Seigneur mon Dieu dans tout ce que je fais au Nom de Jésus-Christ.

Mon Père Céleste, que tout ce que je fasse ce jour sois dans Ton volonté et que je sois totalement influencé et contrôlé par Ton Esprit-Saint seul au Nom de Jésus-Christ.

Saint-Esprit de Dieu, remplis-moi ce matin de l'amour de Dieu et conduis-moi dans la vérité du Seigneur afin que je marche continuellement et consciemment dans l'amour ce jour au Nom de Jésus-Christ. Aide-moi à aimer le Seigneur Mon Dieu de tout mon cœur, de toute mon âme, de toute ma force, et de toute ma pensée; et d'aimer mon prochain comme moi-même sans tenir compte des actes des hommes, et aussi à enseigner Ton amour et Ton pardon à ceux autour de moi au Nom de Jésus-Christ. Amen!

Seigneur Jésus, Tu as dit dans Jean 15: 16, et Jean 14: 13-14 que tout ce que je demande en Ton Nom me sera accordé. C'est pourquoi je demande la paix dans ma famille, dans ma vie, dans mes finances, dans mon village, dans ma nation et toutes les autres nations de la terre au Nom de Jésus-Christ. Amen. Que la paix de Christ nous remplisse ce jour et que je sois un agent de paix au Nom de Jésus-Christ.

Père je demande au Nom de Jésus-Christ selon qu'il est écrit, que tu bénisses abondamment notre église, dirige nos pasteurs (leaders) à marché dans la vérité et de dire et enseigner la vérité de l'évangile au Nom de Jésus-Christ. Accorde-moi d'être fidèle et régulier à l'église Au Nom de Jésus Christ. Père Céleste, dirige mes pas et conduis mon cœur afin que je sois et demeure dans l'église où Tu veux que je sois au Nom de Jésus-Christ. Amen.

Je demande Père, au Nom de Jésus-Christ, la grâce de marcher dans la sanctification.

Au Nom de Jésus-Christ, j'anéantis toutes les déclarations des méchants concernant ma journée. Je déclare au Nom Puissant de Jésus "C'est ici la journée que l'Éternel a faite: Qu'elle soit pour nous un sujet d'allégresse et de joie!", Qu'elle soit pour moi et ma famille un sujet d'allégresse et de joie, Qu'elle soit pour mes pasteurs un sujet d'allégresse et de joie, Qu'elle soit pour ma femme (ou mari) et mes enfants un sujet d'allégresse et de joie, Qu'elle soit pour mes études, mes finances, mes affaires, mon ministère un sujet d'allégresse et de joie, Qu'elle soit pour notre église, notre ville/village, notre nation un sujet d'allégresse et de joie, Qu'elle soit pour mes collègues, voisins, amis, mes parents, ma carrière, etc. Un sujet d'allégresse et de joie!

Mon Père Céleste, je compte sur Toi ce jour, je sais que tu me protègeras ce jour encore. Seigneur, veille sur moi aujourd'hui et conduis-moi dans le bonheur et la faveur divine par Tes anges.

Saint-Esprit, je dépends de Toi ce jour, conduis-moi dans la vérité de l'évangile ce jour et délivre-moi des erreurs et des mauvais choix.

Père Céleste, accorde-moi le succès, la percée et la productivité aujourd'hui selon Ta parole dans Esaïe 65: 20-25; Deutéronome 30: 9-10). Ma journée est bénie, et tout ce que je touche ce jour au Nom de Jésus-Christ. Je couvre ma vie, mes affaires, mon travail, mon déplacement, mes enfants, mes études... dans le sang de Jésus. Comme je sors, je suis couvert du sang de Jésus-Christ.]

Prière 3ᵉ Jour: MERCREDI.

[Abba Père, Dieu Fidèle, je m'approche du trône de la grâce ce matin avec joie et reconnaissance dans mon pour te louer et t'exalter. C'est au Nom de Jésus-Christ Ton Fils que je vienne à toi, je viens te dire merci pour ce jour merveilleux, je suis préservé par le sang de Jésus. Père Céleste, lave moi encore par le sang de l'agneau et sanctifie-moi par Ton Esprit et Ta parole. Bonjour Saint-Esprit. Gloire au Saint des saints; gloire à l'agneau assis sur le trône; gloire au Père des miséricordes et de gloire; gloire à l'Eternel des le Dieu Vivant qui Seul donne la vie et la Sagesse; Celui même qui m'a formé depuis le ventre de ma mère. Gloire à l'agneau assis sur le trône! Sois loué Jésus!

Tes anges sont avec moi et aucun mal ne m'arrivera ce jour. Saint-Esprit, conduis-moi aujourd'hui, et donne-moi la sagesse pour traiter avec toutes les personnes et gérer tous les défis que je rencontrerai aujourd'hui. Aide-moi à accepter, aimer, respecter et pardonner tous les membres de ma famille et tous ceux qui entreront en contact avec moi ce jour et toute cette semaine au Nom Précieux de Jésus-Christ. Amen!

Père Céleste, je te recommande toute ma famille, ce quartier et ma nation ce jour. Prends le contrôle de tout et veille sur nos autorités dans l'exécution de leurs différentes fonctions aujourd'hui.

Donne-moi Seigneur, et à tous les parents dans ma famille la grâce de Te craindre et d'élever nos enfants dans la crainte de Dieu.

Amène-moi de progrès en progrès aujourd'hui et délivre-moi des plans du malin. Protège-moi comme tu nous l'as promis dans **Psaumes 91: 10-12 et Esaïe 54: 15, 17.**

Eternel des armées, Mon Père Céleste, au Nom de Jésus-Christ je déclare que toute arme forgée contre moi et ma famille aujourd'hui sera sans effet. Je suis béni et jamais maudit, et tout ce que je touche aujourd'hui réussira au Nom de Jésus.

Seigneur Jésus, je recommande à toi ma vie et ma famille entre Tes mains, je déclare et je confesse que Tu es mon Seigneur et mon Sauveur, je renonce à toute mauvaise pensée et mauvaise conduite au Nom de Jésus-Christ. Je refuse de tomber dans le piège de l'ennemi aujourd'hui, je choisis Jésus comme le Maître de ma vie, je choisis la Parole de Dieu comme la lampe sous mes pieds, Et la lumière sur mon sentier.

Père Céleste, accompagne-moi dans tout ce que je fais aujourd'hui, et donne-moi le succès et la victoire au Nom de Jésus-Christ. Envoie Tes anges m'accompagner et me défendre; j'anéantis mes ennemis et confonds les méchants qui sont contre mon bonheur et mon progrès au Nom de Jésus-Christ. Amen!

Eternel mon Père, je sais que tu m'entends et tu m'exauces au-delàs de mes requêtes et de mes attentes au Nom de Jésus-Christ. Selon **Marc 11: 24**; je crois que j'ai reçu tout ce que je t'ai demandé. A toi soit toute la gloire, au Nom de Jésus-Christ j'ai ainsi prié. Amen!

Je confesse je suis béni en toute chose, ma vie est pour la gloire de Dieu. Je marché dans l'autorité de Christ et la victoire. Gloire à Dieu!]

Prière 4ᵉ Jour: JEUDI

Bonjour Saint-Esprit, merci grandement pour Ta présence et Ton œuvre dans ma vie!

Il est beau de louer l'Éternel, Et de célébrer ton nom, ô Très Haut! D'annoncer le matin ta bonté, Et ta fidélité pendant les nuits, Sur l'instrument à dix cordes et sur le luth, Aux sons de la harpe. Tu me réjouis par tes œuvres, ô Éternel! Et je chante avec allégresse l'ouvrage de tes mains. Que tes œuvres sont grandes, ô Éternel! Que tes pensées sont profondes! L'homme stupide n'y connaît rien, Et l'insensé n'y prend point garde. Si les méchants croissent comme l'herbe, Si tous ceux qui font le mal fleurissent, C'est pour être anéantis à jamais. Mais toi, tu es le Très Haut, A perpétuité, ô Éternel! Car voici, tes ennemis, ô Éternel! Car voici, tes ennemis périssent; Tous ceux qui font le mal sont dispersés. Et tu me donnes la force du buffle; Je suis arrosé avec une huile fraîche (**Psaumes 92: 2-11**).

Père Fidèle, Eternel des armées, merci pour ce nouveau jour merveilleux, merci de m'avoir gardé et protégé cette nuit, je suis préservé par le sang de Jésus-Christ.

Que Ta présence m'accompagne aujourd'hui et que Tes anges soient avec moi, ainsi aucun mal ne va m'atteindra. Saint Esprit de Dieu, je te recommande ma journée, ma famille et toutes mes entreprises ce jour. Conduis-moi aujourd'hui, et donne-moi la sagesse pour traiter tous les hommes et les défis que je rencontrerai aujourd'hui. Donne-moi la grâce d'accepter, de bénir, d'aimer, de respecter et de pardonner tous les membres de ma famille et tous ceux qui entreront en contact avec moi ce jour, au Nom Précieux de Jésus-Christ. Amen!

Père Céleste, ce matin encore je recommande entre tes mains toute ma famille, ce quartier et ma nation ce jour. Prends le contrôle de tout et veille sur nos autorités dans leurs différentes fonctions aujourd'hui.

Donne-nous encore ce jour la grâce de te craindre et de marcher dans la crainte de Dieu au Nom de Jésus-Christ.

Seigneur Mon Père, accorde-moi la faveur et le succès dans tout ce que je fais aujourd'hui. Amène-moi de progrès en progrès aujourd'hui et délivre-moi des plans du malin. Protège-nous encore aujourd'hui comme tu l'as fais pour David dans **2 Samuel 7: 9-11**, établis-moi et affermis-moi dans la foi et dans la vérité au Nom de Jésus-Christ.

Je déclare que je marche dans la victoire, la gloire et l'excellence au Nom de Jésus-Christ. L'Esprit de Dieu me conduit dans des bons endroits, dans la faveur et des bénédictions abondantes au Nom de Jésus. Je réussie dans tout ce que je fais et prospère de gloire en gloire au Nom de Jésus-Christ. Amen!]

Prière 5ᵉ Jour: VENDREDI

Psaume 101: 8 "Chaque matin j'anéantirai tous les méchants du pays, Afin d'exterminer de la ville de l'Éternel Tous ceux qui commettent l'iniquité".

Seigneur Jésus, prends le control de ma vie ce jour et sois mon berger, délivre du mal et de toute tentation, car je te promets de m'éloigner du péché et de toute mauvaise voie ce jour par l'aide de Ton Esprit (Romains 12: 9). Je rejette la paresse et l'oisiveté aujourd'hui au Nom de Jésus-Christ (Romains 12: 11) et je choisis de servir le Seigneur mon Dieu dans tout ce que je fais au Nom de Jésus-Christ.

Mon Père Céleste, que tout ce que je fasse ce jour sois dans Ton volonté et que je sois totalement influencé et contrôlé par Ton Esprit-Saint seul au Nom de Jésus-Christ.

Saint-Esprit de Dieu, remplis-moi ce matin de l'amour de Dieu et conduis-moi dans la vérité du Seigneur afin que je marche continuellement et consciemment dans l'amour ce jour au Nom de Jésus-Christ. Aide-moi à aimer le Seigneur Mon Dieu de tout mon cœur, de toute mon âme, de toute ma force, et de toute ma pensée; et d'aimer mon prochain comme moi-même sans tenir compte des actes des hommes, et aussi à enseigner Ton amour et Ton pardon à ceux autour de moi au Nom de Jésus-Christ. Amen!

Je déclare que je marche dans le succès, la victoire, la gloire et l'excellence au Nom de Jésus-Christ. L'Esprit de Dieu me conduit dans des bons endroits, dans la faveur et des bénédictions abondantes au Nom de Jésus. Je réussie dans tout ce que je fais et prospère de gloire en gloire au Nom de Jésus-Christ. Amen!

Je suis une bénédiction à tous ceux que je rencontre et je crois à tous égards dans le Seigneur au Nom de Jésus. Amen

La Parole de Dieu agit efficacement en moi et me fortifie pour la victoire chaque jour au Nom de Jésus-Christ!

Ma journée est pleine de joie et de bonnes nouvelles, les anges travaillent en ma faveur. Les hommes et les femmes se lèvent pour défendre ma cause et m'assistent avec joie à accomplir tous mes projets et à réaliser mes rêves au Nom de Jésus-Christ. Amen! Alléluia!]

Prière 6ᵉ Jour: SAMEDI

Psaumes 46: 6; 90: 14 "Dieu est au milieu d'elle: elle n'est point ébranlée; Dieu la secourt dès l'aube du matin...Rassasie-nous chaque matin de ta bonté, Et nous serons toute notre vie dans la joie et l'allégresse."

[Bonjour Saint-Esprit. Bonjour Père Céleste, je Te suis reconnaissant de cette nouvelle journée que Tu m'accordes. Je Te remercie Père de m'avoir gardé cette nuit, je Te remercie de Ta grâce envers moi et ma famille; ainsi que ma nation. Seigneur merci parce que tu renouvelles Ta miséricorde envers moi ce matin encore. Père Céleste, je prends le contrôle de ma journée au Nom de Jésus Christ. Je me lève ce matin contre toutes les forces du mal au Nom de Jésus Christ. Père Eternel envoie Tes anges veiller sur moi et ma famille ce jour et pendant tout ce weekend au Nom de Jésus Christ. Je déclare que je marche dans la victoire, la gloire et l'excellence au Nom de Jésus-Christ. L'Esprit de Dieu me conduit dans des bons endroits, dans la faveur et des bénédictions abondantes au Nom de Jésus. Je réussie dans tout ce que je fais et prospère de gloire en gloire au Nom de Jésus-Christ. Amen!]

Prière 7ᵉ Jour: DIMANCHE

Esaïe 5: 11-12 – "Malheur à ceux qui de bon matin Courent après les boissons enivrantes, Et qui bien avant dans la nuit Sont échauffés par le vin! La harpe et le luth, le tambourin, la flûte et le vin, animent leurs festins; Mais ils ne prennent point garde à l'œuvre de l'Éternel, Et ils ne voient point le travail de ses mains".

Jérémie 26: 4-6 – "Tu leur diras: Ainsi parle l'Éternel: Si vous ne m'écoutez pas quand je vous ordonne de suivre ma loi que j'ai mise devant vous, d'écouter les paroles de mes serviteurs, les prophètes, que je vous envoie, que je vous ai envoyés dès le matin, et que vous n'avez pas écoutés, alors je traiterai cette maison comme Silo, et je ferai de cette ville un objet de malédiction pour toutes les nations de la terre".

Seigneur Jésus, prends le control de ma vie ce jour et sois mon berger, délivre du mal et de toute tentation, car je te promets de m'éloigner du péché et de toute mauvaise voie ce jour par l'aide de Ton Esprit (Romains 12: 9). Je rejette la paresse et l'oisiveté aujourd'hui au Nom de Jésus-Christ (Romains 12: 11) et je choisis de servir le Seigneur mon Dieu dans tout ce que je fais au Nom de Jésus-Christ. Mon Père Céleste, que tout ce que je fasse ce jour sois dans Ton volonté et que je sois totalement influencé et contrôlé par Ton Esprit-Saint seul au Nom de Jésus-Christ.

Saint-Esprit de Dieu, remplis-moi ce matin de l'amour de Dieu et conduis-moi dans la vérité du Seigneur afin que je marche continuellement et consciemment dans l'amour ce jour au Nom de Jésus-Christ. Aide-moi à aimer le Seigneur Mon Dieu de tout mon cœur, de toute mon âme, de toute ma force, et de toute ma pensée; et d'aimer mon prochain comme moi-même sans tenir compte des actes des hommes, et aussi à enseigner Ton amour et Ton pardon à ceux autour de moi au Nom de Jésus-Christ. Amen! Je déclare que je marche dans la victoire, la gloire et l'excellence au Nom de Jésus-Christ.

L'Esprit de Dieu me conduit dans des bons endroits, dans la faveur et des bénédictions abondantes au Nom de Jésus. Je réussie dans tout ce que je fais et prospère de gloire en gloire au Nom de Jésus-Christ. Amen!]

PRIERE DU SOIR
(Entre 17h et 18h, ou avant le couché).

Psaumes 55.16 (55: 17) **Et moi, je crie à Dieu, Et l'Éternel me sauvera. 55.17 (55: 18) LE SOIR, le matin, et à midi, je soupire et je gémis, Et il entendra ma voix. 55.18 (55: 19) Il me délivrera de leur approche et me rendra la paix, Car ils sont nombreux contre moi. 55.19 (55: 20) Dieu entendra, et il les humiliera, Lui qui de toute éternité est assis sur son trône;** -Pause. **Car il n'y a point en eux de changement, Et ils ne craignent point Dieu.**

Psaumes 59.5 (59: 6) **Toi, Éternel, Dieu des armées, Dieu d'Israël, Lève-toi, pour châtier toutes les nations! N'aie pitié d'aucun de ces méchants infidèles!** -Pause. 59.6 (59: 7) **Ils reviennent chaque soir, ils hurlent comme des chiens, Ils font le tour de la ville. 59.7 (59: 8) Voici, de leur bouche ils font jaillir le mal, Des glaives sont sur leurs lèvres; Car, qui est-ce qui entend? 59.8 (59: 9) Et toi, Éternel, tu te ris d'eux, Tu te moques de toutes les nations. 59.9 (59: 10) Quelle que soit leur force, c'est en toi que j'espère, Car Dieu est ma haute retraite 59.14 (59: 15) Ils reviennent chaque soir, ils hurlent comme des chiens, Ils font le tour de la ville. 59.15 (59: 16) Ils errent çà et là, cherchant leur nourriture, Et ils passent la nuit sans être rassasiés. 59.16 (59: 17) Et moi, je chanterai ta force; Dès le matin, je célébrerai ta bonté. Car tu es pour moi une haute retraite, Un refuge au jour de ma détresse. 59.17 (59: 18) O ma force! C'est toi que je célébrerai, Car Dieu, mon Dieu tout bon, est ma haute retraite.**

Le soir c'est le temps du repos et du dîner. C'est le moment que chacun cherche à prendre un bon repas et se reposer, or c'est aussi le temps que le méchants veulent aussi se régaler, ils sont aussi à la recherche de la proie comme il est écrit "Soyez sobres, veillez. Votre adversaire, le diable, rôde comme un lion rugissant, cherchant qui il dévorera", 1 Pierre 5.8. Nous devons le contrer dans la prière du soir et annuler tous ses assauts contre nous dans la nuit. Beaucoup de morts, d'accidents et de choses terribles que les hommes subissent dans la journée sont projetés et exécutés par les méchants dans la nuit pendant qu'on dorme. Jésus a dit **"un homme...a semé une bonne semence dans son champ. Mais, PENDANT QUE LES GENS DORMAIENT, son ennemi vint, sema de l'ivraie parmi le blé, et s'en alla"** (Mathieu 13:24-25). Et David dit dans Psaumes que les méchants **"59.14 (59:15) Ils reviennent chaque soir, ils hurlent comme des chiens, Ils font le tour de la ville. 59.15 (59: 16) Ils errent çà et là, CHERCHANT LEUR NOURRITURE, Et ils passent la nuit sans être rassasiés".** Alors le soir c'est le moment de crier vengeance contre les forces du mal.

Le soir c'est aussi le temps de remercier le Seigneur pour la journée; la force, la sagesse, la protection, l'inspiration et la provision qu'Il nous a accordées. Lis Psaumes 35 et 91; Luc 18: 1-8.

Suggestions de Prières du soir:

Peut-être dès le retour à la maison ou vers le coucher

Prière 1

[O Dieu, mon Roi et mon Sauveur, je viens à toi ce soir par ton Fils Jésus Christ notre Sauveur. J'approche le trône de grâce par Son sang versé sur la croix pour ma paix et ma rédemption, et je te retourne toute la gloire pour ta bonté et ta grâce envers moi tout au courant de ce jour. Reçois-moi Seigneur et lave moi encore par le sang, purifie-moi de toute souillure et iniquité. Merci Seigneur de nous avoir protégés et préservés du mal et de la main de ceux qui nous haïssent. Merci pour tout ce que nous avons expérimenté aujourd'hui, tant bien que mal, car dans tous les cas nous sommes victorieux et plus que vainqueurs. Je te remercie parce que tu as pourvu à manger pour nous ce soir encore.

Père Céleste, protège tous ceux qui sont encore dehors maintenant et surtout ceux qui voyagent en soirée et dans la nuit. Que les plans des sorciers, des brigands, des agresseurs et tous les gens de mauvaises fois soient anéantis ce soir au Nom de Jésus-Christ. Envoie Tes anges en multitude dans chaque ville et village de cette nation cette nuit pour protéger Ton peuple au Nom de Jésus-Christ.

Merci Seigneur, merci Saint-Esprit d'être constamment à notre secours et aide au Nom du Seigneur Jésus. Amen!]

Prière 2

[O Dieu de mon salut, Père Céleste, je me confie à toi ce soir. Sois au control cette nuit et préserve-ma famille et moi, mon pasteur et tous les membres de notre église de la main dans méchants. Ta parole nous garantit dans Psaumes 91 qu'aucun malheur ne nous atteindra, et aucun fléau des sorciers et occultistes n'approchera de notre tente (maison), car toi Papa, tu ordonneras à tes anges de nous garder.

O Dieu, envoie tes anges camper autours de ma maison et de chaque membre de ma famille, O Père céleste, envoie tes anges camper autour de mon (ou mes) pasteur (mentionne les noms), autour de mes affaires, de ma boutique, de mes enfants...afin de nous défendre contre les méchants et les voleurs. Je déclare avec foi, je ne serai pas victime de maladie mystique, je ne serai pas victime de poison de nuit, je ne serai pas victime de sexe dans le rêve, je ne serai pas victime de vol ni de viol, ainsi que mes enfants, mes parents, mon époux (se), mes voisins, mon pasteur et sa famille, mes bienaimés...au Nom de Jésus-Christ. Je me rends invisible aux forces du mal par le sang de Jésus. Je me couvre ainsi que tout ma famille dans le sang de Jésus et j'anéanti toutes les armes forgées contre moi et les flèches jetées contre moi par les sorciers et les occultistes cette nuit au Nom Puissant de Jésus-Christ.

J'envoie le feu contre toute mauvaise semence que l'ennemi veut planter dans ma vie, ma famille, mon mariage, mon église, mon corps, mes finances, ma nation, au Nom Puissant de Jésus. Que ton feu détruise et brule toute semence de maladie, de déception, de stagnation, de malchance, de pauvreté, de haine, de jalousie, de l'échec, de malheur, de misère, etc. que mes ennemis veulent semer cette nuit dans ma vie ou église au Nom de Jésus Christ.

O Dieu de paix et de bonté, visite-moi concernant la journée de demain, afin que je puisse accomplir plus qu'aujourd'hui. Saint-Esprit sois à mon secours, console mòn âme et réconforte mon cœur. Accorde-moi de bonnes révélations et visions ce soir. Au Nom Puissant de Jésus. Seigneur, que tes anges soient au control dans cette ville/ village, et dans tout notre pays pour préserver les malheureux et les innocents. Par ta grande Puissance, préserve tous tes enfants, tous ceux qui te craignent. Amen!]

CHAPITRE 6
MARCHER DANS LA DOMINATION

L'accès et la domination sont deux choses différentes. Entrer ou accéder dans un marché ne vous garanti pas les ventes ou les achats dans ce marcher. Entrer dans un pays ou une ville ne vous garanti pas que vous allez réussi ou y avoir une place. Même si on vous donner le visa, la résidence ou la nationalité gratuitement et inconditionnellement dans un pays, il y a toujours des choses que vous devez faire pour vous épanouir dans cette nation. Nous sommes entrain de parler d'accéder le monde spirituel, puis dominer dans ce monde afin d'avoir une vie tranquille et paisible sur terre, afin d'avoir son mot à dire sur terre.

Nous comprenons déjà que la nouvelle naissance par Jésus-Christ nous donne libre accès dans le monde spirituel et nous confère en même temps l'autorité divine pour y dominer selon l'intention originelle de Dieu. Toutefois, la responsabilité nous incombe d'activer et d'exercer cette autorité pour dominer. Dieu ne viendra pas dominer à notre place ou assujettis à notre place. Dans ce chapitre, nous allons évoquer de manière introductive les clés pour dominer dans le monde spirituel. Ce chapitre est en fait le deuxième volume de ce livre (Volume 2).

En guise de rappel, je dois souligner ici que Dieu a créé l'Homme à Son image et à Sa ressemblance pour dominer sur la terre. Or ce dernier ne peut avoir la domination sur la terre que s'il parvient à assujettir et soumettre les esprits et les forces maléfiques qui cherchent sans cesse à influencer, manipuler, opprimer, posséder et dominer l'homme. Après avoir créé l'Homme, Il lui a explicitement ce qui est attendu de lui, "Puis Dieu dit: **Faisons l'homme à notre image**, selon **notre ressemblance**, et **qu'il domine sur** les poissons de la mer, **sur** les oiseaux du ciel, **sur** le bétail, **sur toute la terre**, et **sur** tous les reptiles qui rampent sur la terre. Dieu créa l'homme à **son image**, il le créa à **l'image de Dieu**, il créa **l'homme** et la **femme**. Dieu les bénit, et **Dieu leur dit**: Soyez féconds, multipliez, remplissez la terre, et **l'assujettissez; et dominez sur** les poissons de la mer, **sur** les oiseaux du ciel, et **sur tout** animal qui se meut sur la terre", Genèse 1: 26-28. Nous voyons clairement que l'homme était destiné pour être au-dessus, avoir le dessus et dominez sur tout, sauf son semblable. Et dans cette domination, il était appelé à administrer la terre entière et mettre de l'ordre, pas seulement dans le jardin, mais sur la terre. Dieu a donné cet ordre à l'homme esprit en esprit. Que cela veut-il dire ? Dans Genèse 1 quand Dieu crée l'homme, il est esprit tout comme Dieu est esprit, c'est ce qu'Il voulait dire par « **créons l'homme à notre image** ». Il le bénit donc quand il est encore esprit, intangible, invisible, et lui donne sa charge de mission toujours en esprit, « **Soyez féconds, multipliez, remplissez la terre, et l'assujettissez; et dominez sur les poissons de la mer, sur les oiseaux du ciel, et sur tout animal qui se meut sur la terre** », avant de le transiter sur la terre. Or comme il faut un corps physique et terrestre pour exister et fonctionner sur terre, Dieu façonne notre forme physique, et lui assigne la tâche de s'occuper de la terre, «**L'Éternel Dieu forma l'homme de la poussière de la terre, il souffla dans ses narines un souffle de vie et l'homme devint un être vivant. Puis l'Éternel Dieu planta un jardin en Éden, du côté de l'orient, et il y mit l'homme qu'il avait formé. L'Éternel Dieu prit l'homme, et le plaça dans le jardin d'Éden pour le cultiver et pour le garder. L'Éternel Dieu donna cet ordre à l'homme...**», Genèse 2: 7-8, 15-16.

En esprit, l'homme esprit reçoit la bénédiction, la charge de mission et la domination. Sur terre, l'homme dans la chair reçoit un ordre divin. Dans la chair, il est conscient de tout ce que Dieu lui a dit dans le monde invisible, spirituel, il est bien de qui il est et de l'autorité investie sur lui là haut. Il sait pourquoi il est sur terre et ce qu'il doit faire pour dominer et structurer, organiser, assujettir et administrer la terre et toutes ses vastes ressources. Et il a dominé jusqu'à le péché a conduit à sa chute. C'est pourquoi Christ est venu pour nous relever, nous réinvestir l'autorité perdue. Comme nous l'avons vu extensivement dans les chapitres précédents, la nouvelle naissance nous a déjà relevé, pour ceux qui croient en Jésus-Christ et l'acceptent comme leur Seigneur et Sauveur personnel. Maintenant tu donc besoin de savoir ce qu'il te faut marcher dans le domination. Tu peux accéder dans le monde spirituel et toujours être matraqué si tu ne sais pas comment opérer et naviguer. Alors qu'avons-nous besoin pour dominer dans le monde spirituel ?

Le Saint-Esprit

La toute première chose que nous avons besoin pour guarrantir notre domination spirituelle et conséquemment dans les aspects de notre vie terrestre c'est le Saint-Esprit.

« Le palais est abandonné, La ville bruyante est délaissée; La colline et la tour serviront à jamais de cavernes; Les ânes sauvages y joueront, les troupeaux y paîtront, jusqu'à ce que l'esprit soit répandu d'en haut sur nous, Et que le désert se change en verger, Et que le verger soit considéré comme une forêt », Esaïe 32:14-15.

« Et voici, j'enverrai sur vous ce que mon Père a promis; mais vous, restez dans la ville jusqu'à ce que vous soyez revêtus de la puissance d'en haut », Luc 24:49.

« Mais vous recevrez une puissance, le Saint-Esprit survenant sur vous, et vous serez mes témoins à Jérusalem, dans toute la Judée, dans la Samarie, et jusqu'aux extrémités de la terre », Actes 1:8.

La Parole de Dieu

«Et maintenant je vous recommande à Dieu et à la parole de sa grâce, à celui qui peut édifier et donner l'héritage avec tous les sanctifiés », Actes 20:32.

La prière

Veillez et priez, afin que vous ne tombiez pas dans la tentation; l'esprit est bien disposé, mais la chair est faible, Matthieu 26:41.

Veillez donc et priez en tout temps, afin que vous ayez la force d'échapper à toutes ces choses qui arriveront, et de paraître debout devant le Fils de l'homme, Luc 21:36.

Le jeûne

Mais cette sorte de démon ne sort que par la prière et par le jeûne, Matthieu 17:21.

Voici le jeûne auquel je prends plaisir: Détache les chaînes de la méchanceté, Dénoue les liens de la servitude, Renvoie libres les opprimés, Et que l'on rompe toute espèce de joug; Alors ta lumière poindra comme l'aurore, Et ta guérison germera promptement; Ta justice marchera devant toi, Et la gloire de l'Éternel t'accompagnera. L'Éternel sera toujours ton guide, Il rassasiera ton âme dans les lieux arides, Et il redonnera de la vigueur à tes membres; Tu seras comme un jardin arrosé, Comme une source dont les eaux ne tarissent pas, Esaïe 58: 6, 8, 11

La foi

C'est pourquoi, prenez toutes les armes de Dieu, afin de pouvoir résister dans le mauvais jour, et tenir ferme après avoir tout surmonté...prenez par-dessus tout cela le bouclier de la foi, avec lequel vous pourrez éteindre tous les traits enflammés du malin, Ephésiens 6:13,16.

Voici, je vous ai donné le pouvoir de marcher sur les serpents et les scorpions, et sur toute la puissance de l'ennemi; et rien ne pourra vous nuire, Luc 10:19.

car nous marchons par la foi et non par la vue, 2 Corinthiens 5:7.

Et que dirai-je encore? Car le temps me manquerait pour parler de Gédéon, de Barak, de Samson, de Jephthé, de David, de Samuel, et des prophètes, qui, par la foi, vainquirent des royaumes,

exercèrent la justice, obtinrent des promesses, fermèrent la gueule des lions, Hébreux 11:32-33.

La justice et la sanctification

Le méchant prend la fuite sans qu'on le poursuive, Le juste a de l'assurance comme un jeune lion, Proverbes 28 :1.

Car le péché n'aura point de pouvoir sur vous, puisque vous êtes, non sous la loi, mais sous la grâce. QuoiQuoi donc! Pécherions-nous, parce que nous sommes, non sous la loi, mais sous la grâce? Loin de là! Ne savez-vous pas qu'en vous livrant à quelqu'un comme esclaves pour lui obéir, vous êtes esclaves de celui à qui vous obéissez, soit du péché qui conduit à la mort, soit de l'obéissance qui conduit à la justice? Romains 6:14-16

La révélation

« Et il dit aux Juifs qui avaient cru en lui: Si vous demeurez dans ma parole, vous êtes vraiment mes disciples; vous connaîtrez la vérité, et la vérité vous affranchira », Jean 8:31-32.

« afin que le Dieu de notre Seigneur Jésus Christ, le Père de gloire, vous donne un esprit de sagesse et de révélation, dans sa connaissance, et qu'il illumine les yeux de votre coeur, pour que vous sachiez quelle est l'espérance qui s'attache à son appel, quelle est la richesse de la gloire de son héritage qu'il réserve aux saints, et quelle est envers nous qui croyons l'infinie grandeur de sa puissance, se manifestant avec efficacité par la vertu de sa force », Ephésiens 1:17-19.

L'armure divine

«Enfin, puisez votre force dans l'union avec le Seigneur, dans son immense puissance. Prenez sur vous toutes les armes que Dieu fournit, afin de pouvoir tenir bon contre les ruses du diable. Car nous n'avons pas à lutter contre des êtres humains, mais contre les puissances spirituelles mauvaises du monde céleste, les autorités, les pouvoirs et les maîtres de ce monde obscur. C'est pourquoi, saisissez maintenant toutes les armes de Dieu ! Ainsi, quand viendra le jour mauvais, vous pourrez résister à l'adversaire et, après avoir combattu jusqu'à la fin, vous tiendrez encore fermement votre position », Éphésiens 6: 10-13.

Le sacrifice

«Le roi de Moab comprit qu'il ne pouvait pas résister à cette attaque ; il rassembla donc sept cents soldats porteurs d'épée pour faire une percée en direction du roi de Syrie, mais cela ne réussit pas. Alors il fit venir son fils aîné, qui devait lui succéder comme roi, et il l'offrit en sacrifice sur la muraille de la ville ; les Israélites éprouvèrent une telle crainte qu'ils levèrent le siège et retournèrent chez eux », 2 Rois 3: 26-27.

Mais le roi David dit à Ornan: Non! je veux l'acheter contre sa valeur en argent, car je ne présenterai point à l'Éternel ce qui est à toi, et je n'offrirai point un holocauste qui ne me coûte rien. Et David donna à Ornan six cents sicles d'or pour l'emplacement. David bâtit là un autel à l'Éternel, et il offrit des holocaustes et des sacrifices d'actions de grâces. Il invoqua l'Éternel, et l'Éternel lui répondit par le feu, qui descendit du ciel sur l'autel de l'holocauste. Alors l'Éternel parla à l'ange, qui remit son épée dans le fourreau. A cette époque-là, David, voyant que l'Éternel l'avait exaucé dans l'aire d'Ornan, le Jébusien, y offrait des sacrifices, 1 Chroniques 21: 24-28.

Tout cet équipement spirituel sera bien développé dans le volume 2 de ce livre.

CONFESSION DE FOI

Notre vie, ou encore la qualité de notre vie sur terre est le reflet de notre confession, pendant que notre confession est le fruit de nos pensées et de nos croyances.

C'est pourquoi votre prière doit correspondre à vos pensées et à votre confession. Que veux-je dire?

Si vous priez pour la prospérité par exemple, pensez prospérité, voyez prospérité, parlez prospérité, voyez-vous comme riche et acceptez que vous êtes riche.

Si vous priez pour la guérison, pensez santé, confessez la guérison, comportez-vous comme guéri et en santé. Considérons les écritures suivantes: « **Et, comme nous avons le même esprit de foi qui est exprimé dans cette parole de l'Écriture: J'ai cru, c'est pourquoi j'ai parlé! Nous aussi nous croyons, et c'est pour cela que nous parlons** », 2 Corinthiens 4: 13.

Dis-leur: Je suis vivant! dit l'Éternel, je vous ferai ainsi que vous avez parlé à mes oreilles, Nombres 14: 28.

La mort et la vie sont au pouvoir de la langue; Quiconque l'aime en mangera les fruits, Proverbes 18: 21.

Car il est comme les pensées de son âme... Proverbes 23:7.

Matthieu 12: 34 **Races de vipères, comment pourriez-vous dire de bonnes choses, méchants comme vous l'êtes? Car c'est de l'abondance du cœur que la bouche parle.**

Luc 6: 45 **L'homme bon tire de bonnes choses du bon trésor de son cœur, et le méchant tire de mauvaises choses de son mauvais trésor; car c'est de l'abondance du cœur que la bouche parle.**

Nous pouvons conclure ou déduire de ces passages, que la prière malgré sa ferveur sera inefficace et infructueux si nos actes, nos paroles ou notre langage, et nos pensées ne correspondent pas à ce que nous prions.

C'est d'ailleurs l'une des majeures de la sécheresse et du désespoir expérimentés par beaucoup de croyant dans la prière.

Veillez donc sur votre confession. Maintenez une bonne confession au quotidien, mais surtout faites-le au Nom de Jésus-Christ. Confessez ce que Dieu dit dans Sa Parole, confessez ce que vous désirez et non ce que vous traversez. Confessez vos désirs et non vos expériences ou les expériences de vos parents ou ancêtres. Évitez des termes tels que : 'ma maladie', 'la vie est dure', 'rien ne marche', 'personne ne réussit dans ma famille', 'la pauvreté me finit', etc.

Déclarez votre destination et non votre position ou situation présente, sinon nous n'allez jamais arrivé à destination. Que le Saint-Esprit vous guide et vous fortifie ! Nous allons bientôt publié un livre sur la confession qui transforme les vies. Contactez-nous pour obtenir une copie dès que c'est disponible.

QUELQUES PSAUMES A MÉDITER LE MATIN

Méditer les psaumes chaque matin avant de sortir de chez soit ou s'engager dans les taches quotidiennes nous inspire à prier, à remercier et louer le Seigneur et nous motive pour la journée. Mais les chrétiens qui se limitent aux psaumes ne connaissent pas facilement la croissance et la maturité spirituelle. Vous devez vous efforcer à lire toute la Bible quotidiennement et progressivement. De même que sur le plan naturel, vous ne pouvez pas vivre uniquement de déjeuner, c'est pareil spirituellement. Vous avez besoin du lait ou déjeuner spirituel pour grandir spirituellement, **«Rejetant donc toute malice et toute ruse, la dissimulation, l'envie, et toute médisance, désirez, comme des enfants nouveau-nés, le lait spirituel et pur, afin que par lui vous croissiez pour le salut, si vous avez goûté que le Seigneur est bon",** 1 Pier 2:1-3.

Vous avez également de nourriture solide pour vous solidifier et vous avancer spirituellement, **"Vous, en effet, qui depuis longtemps devriez être des maîtres, vous avez encore besoin qu'on vous enseigne les premiers rudiments des oracles de Dieu, vous en êtes venus à avoir besoin de lait et non d'une nourriture solide. Or, quiconque en est au lait n'a pas l'expérience de la parole de justice; car il est un enfant. Mais la nourriture solide est pour les hommes faits, pour ceux dont le jugement est exercé par l'usage à discerner ce qui est bien et ce qui est mal",** Hébreux 5:12-14.

Nous avons donc listé ici quelques psaumes pour le petit déjeuner spirituel. Plus vous méditez et déclarez ces régulièrement, plus votre vocabulaire spirituel s'accroît et votre prière deviennent plus riche et plus effective, votre langage aussi en est affecté. Que l'Esprit Saint vous accompagne !

Psaumes 5:1-13

(5:2) Prête l'oreille à mes paroles, ô Éternel! Écoute mes gémissements!

[3](5:3) Sois attentif à mes cris, mon roi et mon Dieu! C'est à toi que j'adresse ma prière.

[4](5:4) Éternel! le matin tu entends ma voix; Le matin je me tourne vers toi, et je regarde.

[5](5:5) Car tu n'es point un Dieu qui prenne plaisir au mal; Le méchant n'a pas sa demeure auprès de toi.

[6](5:6) Les insensés ne subsistent pas devant tes yeux; Tu hais tous ceux qui commettent l'iniquité.

[7](5:7) Tu fais périr les menteurs; L'Éternel abhorre les hommes de sang et de fraude.

[8](5:8) Mais moi, par ta grande miséricorde, je vais à ta maison, Je me prosterne dans ton saint temple avec crainte.

[9](5:9) Éternel! conduis-moi dans ta justice, à cause de mes ennemis, Aplanis ta voie sous mes pas.

[10](5:10) Car il n'y a point de sincérité dans leur bouche; Leur coeur est rempli de malice, Leur gosier est un sépulcre ouvert, Et ils ont sur la langue des paroles flatteuses.

[11](5:11) Frappe-les comme des coupables, ô Dieu! Que leurs desseins amènent leur chute! Précipite-les au milieu de leurs péchés sans nombre! Car ils se révoltent contre toi.

[12](5:12) Alors tous ceux qui se confient en toi se réjouiront, Ils auront de l'allégresse à toujours, et tu les protégeras; Tu seras un sujet de joie Pour ceux qui aiment ton nom.

[13](5:13) Car tu bénis le juste, ô Éternel! Tu l'entoures de ta grâce comme d'un bouclier.

Psaumes 8:1-10

[2](8:2) Éternel, notre Seigneur! Que ton nom est magnifique sur toute la terre! Ta majesté s'élève au-dessus des cieux.

[3](8:3) Par la bouche des enfants et de ceux qui sont à la mamelle Tu as fondé ta gloire, pour confondre tes adversaires, Pour imposer silence à l'ennemi et au vindicatif.

[4](8:4) Quand je contemple les cieux, ouvrage de tes mains, La lune et les étoiles que tu as créées:

[5](8:5) Qu'est-ce que l'homme, pour que tu te souviennes de lui? Et le fils de l'homme, pour que tu prennes garde à lui?

[6](8:6) Tu l'as fait de peu inférieur à Dieu, Et tu l'as couronné de gloire et de magnificence.

[7](8:7) Tu lui as donné la domination sur les oeuvres de tes mains, Tu as tout mis sous ses pieds,

[8](8:8) Les brebis comme les boeufs, Et les animaux des champs,

[9](8:9) Les oiseaux du ciel et les poissons de la mer, Tout ce qui parcourt les sentiers des mers.

[10](8:10) Éternel, notre Seigneur! Que ton nom est magnifique sur toute la terre!

Psaumes 9:1-21

[1](9:1) Au chef des chantres. Sur >. Psaume de David.

(9:2) Je louerai l'Éternel de tout mon coeur, Je raconterai toutes tes merveilles.

[3](9:3) Je ferai de toi le sujet de ma joie et de mon allégresse, Je chanterai ton nom, Dieu Très Haut!

[4](9:4) Mes ennemis reculent, Ils chancellent, ils périssent devant ta face.

[5](9:5) Car tu soutiens mon droit et ma cause, Tu sièges sur ton trône en juste juge.

[6](9:6) Tu châties les nations, tu détruis le méchant, Tu effaces leur nom pour toujours et à perpétuité.

[7](9:7) Plus d'ennemis! Des ruines éternelles! Des villes que tu as renversées! Leur souvenir est anéanti.

[8](9:8) L'Éternel règne à jamais, Il a dressé son trône pour le jugement;

[9](9:9) Il juge le monde avec justice, Il juge les peuples avec droiture.

[10](9:10) L'Éternel est un refuge pour l'opprimé, Un refuge au temps de la détresse.

[11](9:11) Ceux qui connaissent ton nom se confient en toi. Car tu n'abandonnes pas ceux qui te cherchent, ô Éternel!

[12](9:12) Chantez à l'Éternel, qui réside en Sion, Publiez parmi les peuples ses hauts faits!

[13](9:13) Car il venge le sang et se souvient des malheureux, Il n'oublie pas leurs cris.

[14](9:14) Aie pitié de moi, Éternel! Vois la misère où me réduisent mes ennemis, Enlève-moi des portes de la mort,

[15](9:15) Afin que je publie toutes tes louanges, Dans les portes de la fille de Sion, Et que je me réjouisse de ton salut.

[16](9:16) Les nations tombent dans la fosse qu'elles ont faite, Leur pied se prend au filet qu'elles ont caché.

[17](9:17) L'Éternel se montre, il fait justice, Il enlace le méchant dans l'oeuvre de ses mains. -Jeu d'instruments. Pause.

[18](9:18) Les méchants se tournent vers le séjour des morts, Toutes les nations qui oublient Dieu.

[19](9:19) Car le malheureux n'est point oublié à jamais, L'espérance des misérables ne périt pas à toujours.

[21](9:20) Lève-toi, ô Éternel! Que l'homme ne triomphe pas! Que les nations soient jugées devant ta face!

[21](9:21) Frappe-les d'épouvante, ô Éternel! Que les peuples sachent qu'ils sont des hommes! -Pause.

Psaumes 15:1-5

[1]Psaume de David. O Éternel! qui séjournera dans ta tente? Qui demeurera sur ta montagne sainte? -

[2]Celui qui marche dans l'intégrité, qui pratique la justice Et qui dit la vérité selon son coeur.

[3]Il ne calomnie point avec sa langue, Il ne fait point de mal à son semblable, Et il ne jette point l'opprobre sur son prochain.

[4]Il regarde avec dédain celui qui est méprisable, Mais il honore ceux qui craignent l'Éternel; Il ne se rétracte point, s'il fait un serment à son préjudice.

[5]Il n'exige point d'intérêt de son argent, Et il n'accepte point de don contre l'innocent. Celui qui se conduit ainsi ne chancelle jamais.

Psaumes 20:1-9

[1](20:1) Au chef des chantres. Psaume de David. (20:2) Que l'Éternel t'exauce au jour de la détresse, Que le nom du Dieu de Jacob te protège!

[2](20:3) Que du sanctuaire il t'envoie du secours, Que de Sion il te soutienne!

[3](20:4) Qu'il se souvienne de toutes tes offrandes, Et qu'il agrée tes holocaustes! -Pause.

[4](20:5) Qu'il te donne ce que ton coeur désire, Et qu'il accomplisse tous tes desseins!

[5](20:6) Nous nous réjouirons de ton salut, Nous lèverons l'étendard au nom de notre Dieu; L'Éternel exaucera tous tes voeux.

[6](20:7) Je sais déjà que l'Éternel sauve son oint; Il l'exaucera des cieux, de sa sainte demeure, Par le secours puissant de sa droite.

[7](20:8) Ceux-ci s'appuient sur leurs chars, ceux-là sur leurs chevaux; Nous, nous invoquons le nom de l'Éternel, notre Dieu.

[8](20:9) Eux, ils plient, et ils tombent; Nous, nous tenons ferme, et restons debout.

[9](20:10) Éternel, sauve le roi! Qu'il nous exauce, quand nous l'invoquons!

Psaumes 23:1-6

[1]Cantique de David. L'Éternel est mon berger: je ne manquerai de rien.

[2]Il me fait reposer dans de verts pâturages, Il me dirige près des eaux paisibles.

[3]Il restaure mon âme, Il me conduit dans les sentiers de la justice, A cause de son nom.

[4]Quand je marche dans la vallée de l'ombre de la mort, Je ne crains aucun mal, car tu es avec moi: Ta houlette et ton bâton me rassurent.

[5]Tu dresses devant moi une table, En face de mes adversaires; Tu oins d'huile ma tête, Et ma coupe déborde.

[6]Oui, le bonheur et la grâce m'accompagneront Tous les jours de ma vie, Et j'habiterai dans la maison de l'Éternel Jusqu'à la fin de mes jours.

Psaumes 24:1-10

[1]Psaume de David. A l'Éternel la terre et ce qu'elle renferme, Le monde et ceux qui l'habitent!

[2]Car il l'a fondée sur les mers, Et affermie sur les fleuves.

[3]Qui pourra monter à la montagne de l'Éternel? Qui s'élèvera jusqu'à son lieu saint? -

[4]Celui qui a les mains innocentes et le coeur pur; Celui qui ne livre pas son âme au mensonge, Et qui ne jure pas pour tromper.

[5]Il obtiendra la bénédiction de l'Éternel, La miséricorde du Dieu de son salut.

[6]Voilà le partage de la génération qui l'invoque, De ceux qui cherchent ta face, de Jacob! -Pause.

[7]Portes, élevez vos linteaux; Élevez-vous, portes éternelles! Que le roi de gloire fasse son entrée! -

[8]Qui est ce roi de gloire? -L'Éternel fort et puissant, L'Éternel puissant dans les combats.

[9]Portes, élevez vos linteaux; Élevez-les, portes éternelles! Que le roi de gloire fasse son entrée! -

[10]Qui donc est ce roi de gloire? -L'Éternel des armées: Voilà le roi de gloire! -Pause.

Psaumes 25:1-22 [1]Éternel! j'élève à toi mon âme.

[2]Mon Dieu! en toi je me confie: que je ne sois pas couvert de honte! Que mes ennemis ne se réjouissent pas à mon sujet!

[3]Tous ceux qui espèrent en toi ne seront point confondus; Ceux-là seront confondus qui sont infidèles sans cause.

[4]Éternel! fais-moi connaître tes voies, Enseigne-moi tes sentiers.

[5]Conduis-moi dans ta vérité, et instruis-moi; Car tu es le Dieu de mon salut, Tu es toujours mon espérance.

[6]Éternel! souviens-toi de ta miséricorde et de ta bonté; Car elles sont éternelles.

[7]Ne te souviens pas des fautes de ma jeunesse ni de mes transgressions; Souviens-toi de moi selon ta miséricorde, A cause de ta bonté, ô Éternel!

[8]L'Éternel est bon et droit: C'est pourquoi il montre aux pécheurs la voie.

[9]Il conduit les humbles dans la justice, Il enseigne aux humbles sa voie.

[10]Tous les sentiers de l'Éternel sont miséricorde et fidélité, Pour ceux qui gardent son alliance et ses commandements.

[11]C'est à cause de ton nom, ô Éternel! Que tu pardonneras mon iniquité, car elle est grande.

[12]Quel est l'homme qui craint l'Éternel? L'Éternel lui montre la voie qu'il doit choisir.

[13]Son âme reposera dans le bonheur, Et sa postérité possédera le pays.

[14]L'amitié de l'Éternel est pour ceux qui le craignent, Et son alliance leur donne instruction.

[15]Je tourne constamment les yeux vers l'Éternel, Car il fera sortir mes pieds du filet.

[16]Regarde-moi et aie pitié de moi, Car je suis abandonné et malheureux.

[17]Les angoisses de mon coeur augmentent; Tire-moi de ma détresse.

[18]Vois ma misère et ma peine, Et pardonne tous mes péchés.

[19]Vois combien mes ennemis sont nombreux, Et de quelle haine violente ils me poursuivent.

[20]Garde mon âme et sauve-moi! Que je ne sois pas confus, Quand je cherche auprès de toi mon refuge!

[21]Que l'innocence et la droiture me protègent, Quand je mets en toi mon espérance!

[22]O Dieu! délivre Israël De toutes ses détresses!

Psaumes 26:1-12

[1]De David. Rends-moi justice, Éternel! car je marche dans l'intégrité, Je me confie en l'Éternel, je ne chancelle pas.

[2]Sonde-moi, Éternel! éprouve-moi, Fais passer au creuset mes reins et mon coeur;

[3]Car ta grâce est devant mes yeux, Et je marche dans ta vérité.

[4]Je ne m'assieds pas avec les hommes faux, Je ne vais pas avec les gens dissimulés;

[5]Je hais l'assemblée de ceux qui font le mal, Je ne m'assieds pas avec les méchants.

[6]Je lave mes mains dans l'innocence, Et je vais autour de ton autel, ô Éternel!

[7]Pour éclater en actions de grâces, Et raconter toutes tes merveilles.

[8]Éternel! j'aime le séjour de ta maison, Le lieu où ta gloire habite.

[9]N'enlève pas mon âme avec les pécheurs, Ma vie avec les hommes de sang,

[10]Dont les mains sont criminelles Et la droite pleine de présents!

[11]Moi, je marche dans l'intégrité; Délivre-moi et aie pitié de moi!

[12]Mon pied est ferme dans la droiture: Je bénirai l'Éternel dans les assemblées.

Psaumes 27 :1-14

[1]De David. L'Éternel est ma lumière et mon salut : De qui aurais-je crainte ? L'Éternel est le soutien de ma vie : De qui aurais-je peur ?

[2]Quand des méchants s'avancent contre moi, Pour dévorer ma chair, Ce sont mes persécuteurs et mes ennemis Qui chancellent et tombent.

[3]Si une armée se campait contre moi, Mon cœur n'aurait aucune crainte ; Si une guerre s'élevait contre moi, Je serais malgré cela plein de confiance.

[4]Je demande à l'Éternel une chose, que je désire ardemment : Je voudrais habiter toute ma vie dans la maison de l'Éternel, Pour contempler la magnificence de l'Éternel Et pour admirer son temple.

[5]Car il me protégera dans son tabernacle au jour du malheur, Il me cachera sous l'abri de sa tente ; Il m'élèvera sur un rocher.

[6]Et déjà ma tête s'élève sur mes ennemis qui m'entourent ; J'offrirai des sacrifices dans sa tente, au son de la trompette ; Je chanterai, je célébrerai l'Éternel.

[7]Éternel ! Ecoute ma voix, je t'invoque : Aie pitié de moi et exauce-moi !

[8]Mon cœur dit de ta part : Cherchez ma face ! Je cherche ta face, ô Éternel !

[9]Ne me cache point ta face, Ne repousse pas avec colère ton serviteur ! Tu es mon secours, ne me laisse pas, ne m'abandonne pas, Dieu de mon salut !

[10]Car mon père et ma mère m'abandonnent, Mais l'Éternel me recueillera.

[11]Éternel ! Enseigne-moi ta voie, Conduis-moi dans le sentier de la droiture, A cause de mes ennemis.

[12]Ne me livre pas au bon plaisir de mes adversaires, Car il s'élève contre moi de faux témoins Et des gens qui ne respirent que la violence.

[13]Oh ! Si je n'étais pas sûr de voir la bonté de l'Éternel Sur la terre des vivants !...

[14]Espère en l'Éternel ! Fortifie-toi et que ton cœur s'affermisse ! Espère en l'Éternel !

Psaumes 28:1-9

[1]De David. Éternel! c'est à toi que je crie. Mon rocher! ne reste pas sourd à ma voix, De peur que, si tu t'éloignes sans me répondre, Je ne sois semblable à ceux qui descendent dans la fosse.

[2]Écoute la voix de mes supplications, quand je crie à toi, Quand j'élève mes mains vers ton sanctuaire.

[3]Ne m'emporte pas avec les méchants et les hommes iniques, Qui parlent de paix à leur prochain et qui ont la malice dans le cœur.

[4]Rends-leur selon leurs œuvres et selon la malice de leurs actions, Rends-leur selon l'ouvrage de leurs mains; Donne-leur le salaire qu'ils méritent.

[5]Car ils ne sont pas attentifs aux œuvres de l'Éternel, A l'ouvrage de ses mains. Qu'il les renverse et ne les relève point!

[6]Béni soit l'Éternel! Car il exauce la voix de mes supplications.

[7]L'Éternel est ma force et mon bouclier; En lui mon cœur se confie, et je suis secouru; J'ai de l'allégresse dans le cœur, Et je le loue par mes chants.

[8]L'Éternel est la force de son peuple, Il est le rocher des délivrances de son oint.

[9]Sauve ton peuple et bénis ton héritage! Sois leur berger et leur soutien pour toujours!

Psaumes 29:1-11

[1]Psaume de David. Fils de Dieu, rendez à l'Éternel, Rendez à l'Éternel gloire et honneur!

[2]Rendez à l'Éternel gloire pour son nom! Prosternez-vous devant l'Éternel avec des ornements sacrés!

[3]La voix de l'Éternel retentit sur les eaux, Le Dieu de gloire fait gronder le tonnerre; L'Éternel est sur les grandes eaux.

[4]La voix de l'Éternel est puissante, La voix de l'Éternel est majestueuse.

[5]La voix de l'Éternel brise les cèdres; L'Éternel brise les cèdres du Liban,

[6]Il les fait bondir comme des veaux, Et le Liban et le Sirion comme de jeunes buffles.

[7]La voix de l'Éternel fait jaillir des flammes de feu.

[8]La voix de l'Éternel fait trembler le désert; L'Éternel fait trembler le désert de Kadès.

[9]La voix de l'Éternel fait enfanter les biches, Elle dépouille les forêts. Dans son palais tout s'écrie: Gloire!

[10]L'Éternel était sur son trône lors du déluge; L'Éternel sur son trône règne éternellement.

[11]L'Éternel donne la force à son peuple; L'Éternel bénit son peuple et le rend heureux.

Psaumes 30:1-12

[1](30:1) Psaume. Cantique pour la dédicace de la maison. De David. (30:2) Je t'exalte, ô Éternel, car tu m'as relevé, Tu n'as pas voulu que mes ennemis se réjouissent à mon sujet.

[2](30:3) Éternel, mon Dieu! J'ai crié à toi, et tu m'as guéri.

[3](30:4) Éternel! tu as fait remonter mon âme du séjour des morts, Tu m'as fait revivre loin de ceux qui descendent dans la fosse.

[4](30:5) Chantez à l'Éternel, vous qui l'aimez, Célébrez par vos louanges sa sainteté!

[5](30:6) Car sa colère dure un instant, Mais sa grâce toute la vie; Le soir arrivent les pleurs, Et le matin l'allégresse.

[6](30:7) Je disais dans ma sécurité: Je ne chancellerai jamais!

[7](30:8) Éternel! par ta grâce tu avais affermi ma montagne... Tu cachas ta face, et je fus troublé.

[8](30:9) Éternel! j'ai crié à toi, J'ai imploré l'Éternel:

[9](30:10) Que gagnes-tu à verser mon sang, A me faire descendre dans la fosse? La poussière a-t-elle pour toi des louanges? Raconte-t-elle ta fidélité?

[10](30:11) Écoute, Éternel, aie pitié de moi! Éternel, secours-moi!
-

[11](30:12) Et tu as changé mes lamentations en allégresse, Tu as délié mon sac, et tu m'as ceint de joie,

[12](30:13) Afin que mon coeur te chante et ne soit pas muet. Éternel, mon Dieu! je te louerai toujours.

Psaumes 33:1-22

[1]Justes, réjouissez-vous en l'Éternel! La louange sied aux hommes droits.

[2]Célébrez l'Éternel avec la harpe, Célébrez-le sur le luth à dix cordes.

[3]Chantez-lui un cantique nouveau! Faites retentir vos instruments et vos voix!

[4]Car la parole de l'Éternel est droite, Et toutes ses œuvres s'accomplissent avec fidélité;

[5]Il aime la justice et la droiture; La bonté de l'Éternel remplit la terre.

[6]Les cieux ont été faits par la parole de l'Éternel, Et toute leur armée par le souffle de sa bouche.

[7]Il amoncelle en un tas les eaux de la mer, Il met dans des réservoirs les abîmes.

[8]Que toute la terre craigne l'Éternel! Que tous les habitants du monde tremblent devant lui!

[9]Car il dit, et la chose arrive; Il ordonne, et elle existe.

[10]L'Éternel renverse les desseins des nations, Il anéantit les projets des peuples;

[11]Les desseins de l'Éternel subsistent à toujours, Et les projets de son cœur, de génération en génération.

[12]Heureuse la nation dont l'Éternel est le Dieu! Heureux le peuple qu'il choisit pour son héritage!

[13]L'Éternel regarde du haut des cieux, Il voit tous les fils de l'homme;

[14]Du lieu de sa demeure il observe Tous les habitants de la terre,

[15]Lui qui forme leur cœur à tous, Qui est attentif à toutes leurs actions.

[16]Ce n'est pas une grande armée qui sauve le roi, Ce n'est pas une grande force qui délivre le héros;

[17]Le cheval est impuissant pour assurer le salut, Et toute sa vigueur ne donne pas la délivrance.

[18]Voici, l'œil de l'Éternel est sur ceux qui le craignent, Sur ceux qui espèrent en sa bonté,

[19]Afin d'arracher leur âme à la mort Et de les faire vivre au milieu de la famine.

[20]Notre âme espère en l'Éternel; Il est notre secours et notre bouclier.

[21]Car notre cœur met en lui sa joie, Car nous avons confiance en son saint nom.

[22]Éternel! que ta grâce soit sur nous, Comme nous espérons en toi!

Psaumes 34:1-22

[1](34:1) De David. Lorsqu'il contrefit l'insensé en présence d'Abimélec, et qu'il s'en alla chassé par lui. (34:2) Je bénirai l'Éternel en tout temps; Sa louange sera toujours dans ma bouche.

[2](34:3) Que mon âme se glorifie en l'Éternel! Que les malheureux écoutent et se réjouissent!

[3](34:4) Exaltez avec moi l'Éternel! Célébrons tous son nom!

[4](34:5) J'ai cherché l'Éternel, et il m'a répondu; Il m'a délivré de toutes mes frayeurs.

[5](34:6) Quand on tourne vers lui les regards, on est rayonnant de joie, Et le visage ne se couvre pas de honte.

[6](34:7) Quand un malheureux crie, l'Éternel entend, Et il le sauve de toutes ses détresses.

[7](34:8) L'ange de l'Éternel campe autour de ceux qui le craignent, Et il les arrache au danger.

[8](34:9) Sentez et voyez combien l'Éternel est bon! Heureux l'homme qui cherche en lui son refuge!

[9](34:10) Craignez l'Éternel, vous ses saints! Car rien ne manque à ceux qui le craignent.

[10](34:11) Les lionceaux éprouvent la disette et la faim, Mais ceux qui cherchent l'Éternel ne sont privés d'aucun bien.

[11](34:12) Venez, mes fils, écoutez-moi! Je vous enseignerai la crainte de l'Éternel.

[12](34:13) Quel est l'homme qui aime la vie, Qui désire la prolonger pour jouir du bonheur?

[13](34:14) Préserve ta langue du mal, Et tes lèvres des paroles trompeuses;

[14](34:15) Éloigne-toi du mal, et fais le bien; Recherche et poursuis la paix.

[15](34:16) Les yeux de l'Éternel sont sur les justes, Et ses oreilles sont attentives à leurs cris.

[16](34:17) L'Éternel tourne sa face contre les méchants, Pour retrancher de la terre leur souvenir.

[17](34:18) Quand les justes crient, l'Éternel entend, Et il les délivre de toutes leurs détresses;

[18](34:19) L'Éternel est près de ceux qui ont le cœur brisé, Et il sauve ceux qui ont l'esprit dans l'abattement.

[19](34:20) Le malheur atteint souvent le juste, Mais l'Éternel l'en délivre toujours.

[20](34:21) Il garde tous ses os, Aucun d'eux n'est brisé.

[21](34:22) Le malheur tue le méchant, Et les ennemis du juste sont châtiés.

[22](34:23) L'Éternel délivre l'âme de ses serviteurs, Et tous ceux qui l'ont pour refuge échappent au châtiment.

L'AUTEUR

Apôtre TATANG D. HUBERT R. est Missionnaire, prédicateur et enseignant de la parole, un écrivain oint, œuvrant dans la vigne du Seigneur depuis bon nombre d'années. Il est entre autre Artiste-Musicien-Compositeur.

Il a reçu sa formation Pastorale et Ministériel en Chine à La **Royal Victory Bible School (Centre Biblique Victoire Royale) en 2005,** Puis au Cameroun, au Centre d'Etudes Bibliques (Discipling the Nations Ministry) de Kumba 2007/2008, ensuite à **Word of Life Bible Institute** (WOLBI) de Salvation Ministry; Port-Harcourt Nigeria, 2011.

Il a été interprète auprès de beaucoup d'Hommes de Dieu et de Ministères à travers le Cameroun (Bafoussam, Douala, Kumba, Bamenda, Bali, et Yaoundé entre autres), ce qui Lui permit de s'équiper et de s'enraciner de plus en plus dans sa foi, l'amour de Dieu et la vie missionnaire.

Il a servi comme radio-évangéliste, Missionnaire Pioneer Et Pasteur Résident de **Royal Victory Church International** à **Kumba** en 2007, puis pasteur résident par intérim avec **Soltomai** et Radio-Evangéliste de **International Praying Community à Bamenda**, (et aussi chargé des programmes radio/sensibilisation des jeunes au **Conseil National de La Jeunesse du Cameroun**, Bamenda 2). En Juin 2001, il repartit pour plus de formation Biblique, au Nigeria (à **WOLBI**), après quoi il fut commissionné pour implanter une nouvelle église à Bafoussam/Cameroun. Ordonné (consacré) Evangéliste le 16 Décembre 2012 à Lagos, il continua à servir comme Pasteur Résident de **Victoire Royale Internationale**, jusqu'en Janvier 2016, qu'il reçoit du Seigneur son Mandat Apostolique, avec pour mission de susciter une Armée des moissonneurs de la fin des temps, préparant un peuple prêt pour le retour du Seigneur.

Aujourd'hui, il est visionnaire et fondateur de **Light of the Nations Ministries Invaders** (Ministère Lumière des Nations Envahisseurs), et l' **ARMÉE L'ÉTERNEL** entre autres.

Contacts de l'Auteur:

(+ 237) – 679 71 62 90 - (+ 237) – 696 67 49 72
Email : princeofj@gmail.com

Veuillez nous envoyer vos témoignages, vos requêtes, vos questions, et toutes vos impressions.

Surtout, n'hésitez pas de nous contacter si vous désirez être partenaire avec notre ministère pour le salut des âmes et l'expansion du Royaume de Dieu sur terre. Jésus-Christ revient bientôt!

Que Dieu vous bénisse et vous préserve par l'Esprit Saint jusqu'au retour de son Fils. Amen!

Apôtre TATANG D. H. R. ;

Ministre du Seigneur Jésus-Christ!

(LIGHT OF THE NATIONS MINISTRIES INVADERS)

[Mutengene, S.O, Cameroun, Mercredi 28/06/2023; 22h30']

JESUS-CHRIST EST SEIGNEUR!

Certains de ses ouvrages inclus (disponibles en ligne) :

> **PRIÈRES ET GUERISON**

> **LA PRIERE QUE DIEU EXAUCE**

> **PRIERES MATINALES** (Première édition de ce même livre)

> **DEJEUNER DIVIN** (Dévotion quotidienne mensuelle)

> **PRIÈRES PUISSANTES ET EFFICACES**

> **VICTOIRE TOTALE SUR LES MALADIES**

> **LA PRIERE EFFECTIVE DU CROYANT**

> **ESCAPE FOR YOUR LIFE [FUYEZ POUR VOTRE VIE]**

> **DIVINE HEALING IS STILL POSSIBLE [LA GUÉRISON DIVINE EST ENCORE POSSIBLE...]**

> **LA NOUVELLE NAISSANCE; L'Initiation dans le Monde de l'Esprit; Et beaucoup d'autres...**

Don't miss out!

Visit the website below and you can sign up to receive emails whenever TATANG D. HUBERT R. publishes a new book. There's no charge and no obligation.

https://books2read.com/r/B-A-VKLL-NSALC

BOOKS 2 READ

Connecting independent readers to independent writers.

Did you love *Acceder & Dominer Dans le Monde Spirituel*? Then you should read *Prières ET Guérison*[1] by TATANG D. HUBERT R.!

[2]

Comment prier afin de recevoir sa guérison? Dieu guérit-Il par la prière? Que faire quand sa prière n'est exauvée?

Ce livre est puissant livre contenant des enseignements sur la guérsion, lz prière et des prières pratiques pour la guérison. Vous en avez besoin!

Ce petit livre entre vos mains vient vous aider à recevoir la guérison divine, et surtout à dominer et à marcher continuellement et quotidiennement dans la victoire sur les maladies, les couches de nuit et toutes les afflictions du diable. Lisez-la lentement; attentivement, et vous en tirerez le meilleur.

---

1. https://books2read.com/u/49WPld

2. https://books2read.com/u/49WPld

Beaucoup sont affligés autour du globe ces derniers temps, des nouvelles maladies sont envoyés de l'enfer chaque jour pour affliger les hommes et les femmes sur la terre.

Toutefois, la parole de Dieu demeure vraie et éternellement établie dans les cieux. Beaucoup vont même au point d'accuser Dieu d'être l'auteur de leurs afflictions, maladies et problèmes. Quelle erreur! C'est l'ignorance. Comment un Dieu amour qui a pourtant aimé le monde au point de sacrifier Son Fils unique peut-il remplir le même monde de maladies?

Ce petit livre entre vos mains vient vous aider à recevoir la guérison divine, et surtout à dominer et à marcher continuellement et quotidiennement dans la victoire sur les maladies, les couches de nuit et toutes les afflictions du diable. Lisez-la lentement; attentivement, et vous en tirerez le meilleur.

Beaucoup sont affligés autour du globe ces derniers temps, des nouvelles maladies sont envoyés de l'enfer chaque jour pour affliger les hommes et les femmes sur la terre.

Toutefois, la parole de Dieu demeure vraie et éternellement établie dans les cieux. Beaucoup vont même au point d'accuser Dieu d'être l'auteur de leurs afflictions, maladies et problèmes. Quelle erreur! C'est l'ignorance. Comment un Dieu amour qui a pourtant aimé le monde au point de sacrifier Son Fils unique peut-il remplir le même monde de maladies?

Also by TATANG D. HUBERT R.

Volume 1
Acceder & Dominer Dans le Monde Spirituel

Standalone
La Prière Que Dieu Exauce
Prières ET Guérison
Prières Matinales
Escape For Your Life... Escape to the Mountain
"Sodom & Gomorrah"
Victoire Totale sur les Maladies
Total Victory Over Sicknesses
Divine Healing Is Still Possible..
The Beauty & the Riches of Redemption

www.ingramcontent.com/pod-product-compliance
Lightning Source LLC
Chambersburg PA
CBHW051237160726
47994CB00002B/916